In Ruins

文學、藝術與歷史中的廢墟美學

作者：克里斯多佛·武德爾德 Christopher Woodward

譯者：張讓

廢墟人在

我知道有些人會說，他爲什麼給我們一大堆形容野草的詞句，又拉我們跟著他在破石、殘樓和老垃圾堆間跌跌撞撞？

《深入希臘》（*A Journey into Greece*）（1682）序
——喬治·惠勒（George Wheeler）

通往夢境的大門已經關上了，
但我將永遠覺得在那一小時裡，
我得到了看見對我的想像來說極其珍愛的、已經消逝了的生活機會
告訴我，誰能像我憑著想像力，
精細完美地重建了一個對我來説只是殘破廢墟的世界。

從克羅托納看廢墟神廟
《在愛歐尼亞海岸》（*By the Ionian Sea*）（1901）
——喬治·吉辛（George Gissing）

目 錄

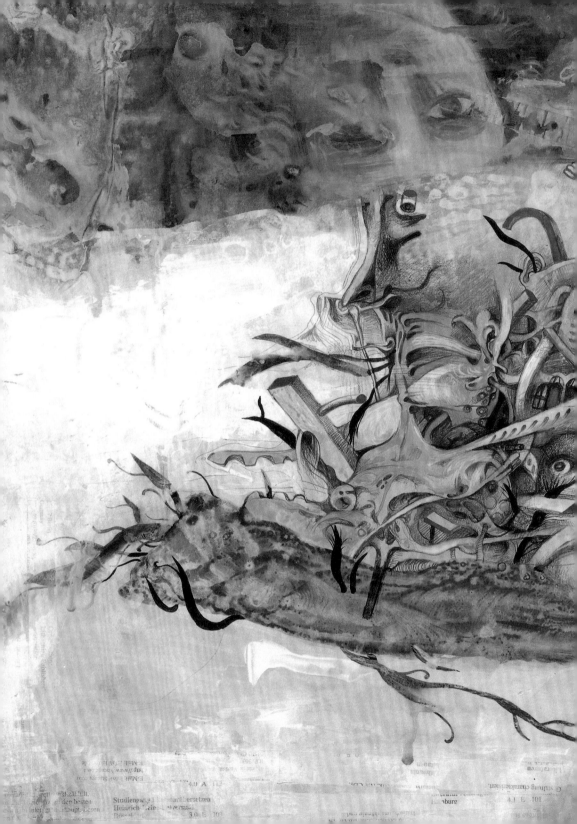

迷離廢墟

繪圖・滿腦袋

譯序——迷離廢墟

張　讓

1

我們生活在廢墟之間。或許沒人注意到，但廢墟在那裡，在新建大樓的腳下，在鄉郊圍牆之後，在野外的林間，在幾步之外的近鄰，因種種理由而彷彿隱形。很可能，你家中某個角落，或者內心隱蔽處，便有一片廢墟。

歷史推翻了帝國，而文明創造廢品和棄物。你若稍加留心，便會看見廢棄的工廠、辦公室、戲院、商店、學校和住宅，歪歪倒倒，坑坑疤疤，幾乎爲草木所掩埋。那景象是荒涼還是詩意？醜惡還是美好？值得憑弔留戀，還是剷除重建？

2

這本《人在廢墟》除了題材獨特，身份也難以界定。與其說它是建築廢墟史，不如說是廢墟美學史。知識性強，學問氣濃，偶爾舒一點情（非常收斂地），還帶了遊記的意味。作者武德爾德在書後的謝詞裡也說明，原本要從建築史出發來寫，最後卻進入了繪畫和文學。

廢墟本身無非是建築的殘骸。歷史的盛衰興亡，也不過是個過度簡化的機械法則。廢墟內在眞正的生命，因而要經由藝術家的敏銳來探觸和呈現。本書極力捕捉的，正是西方在理解和感受廢墟上的心路歷程。

當然，身爲英國人，武德爾德首先看見的是歐洲廢墟。換句話說，是帝國廢墟；而帝國的故事無可避免，總要從羅馬開始——相對羅馬帝王的好大喜功，希臘顯得太節制又太小心了。條條大路通羅馬，因此武德爾德不須直奔，爲求效

果，先取道老電影《浩劫餘生》結尾自由女神沉埋一幕（等於是經過紐約），再經過版畫〈紐西蘭人〉裡的倫敦廢墟——倫敦和紐約，都是羅馬精神上的繼承人——最後才到羅馬，將我們帶進依然壯觀的環形競技場裡。

顧名思義，環形競技場是圓的，即便到過實地，置身競技場裡的人，也堅信眼睛所見是圓形建築。而，不，武德爾德告訴你，競技場不是正圓，而是橢圓；此外，場內除了角鬥之外，還有各式各樣大規模的表演，如搏鬥猛獸和打海戰、沙漠戰、叢林戰，以及，不可避免的，宗教戰（以基督徒餵獅子），是個遠比劇院要驚心動魄的地方，因為裡面是真刀真槍，而觀眾如醉如痴。競技場的宏偉和血腥，正是它日後沉淪最迷人的地方人——那今非昔比的對比太撼人了，對此狄更斯有深切的感觸。

撫今追昔，中國人向來擅長。大江總要東去，朝代總要更替，我們熟悉事物的興沉來去，傷感之外，照樣柴米油鹽精打細算。而武德爾德呈現的西方心靈，卻似乎「不懂」什麼叫惆悵和惘然。當每一中國人都能琅琅「人生如夢」、「是非成敗轉頭空」或「江山依舊，景物全非」之類的「智慧」，這些歐洲人卻似乎能對環形競技場、議場甚至到整座羅馬城荒煙蔓草的大片屍骸而「無動於衷」（果真這樣嗎？我不免想），要等到古物迷來「發現」甚或「發明」那種對中國人近乎反射的感慨，然後思想家和道德家再利用那情緒來傳達「一切本空」的基督教義，最後由詩人、小說家和畫家叛離道德教條，直取大自然生命力的核心，產生新的廢墟美學。

《人在廢墟》真正關切的，正是廢墟美學的進化。

3

廢墟怎麼會美？什麼是廢墟美學？

當你在家附近或城中碰見殘樓棄屋朽牆破窗，你會視而不見，還是覺得刺眼？又或竟而受到吸引，走近欣賞？

且想像這情景：在西西里的阿格里眞托，希臘神廟的巨大圓柱裂成段段四下散佈，「像倒臥塵埃的巨人，像斬斷的芹菜」。一位青年流連其間，當他逛累了，便躺在柱身的凹槽裡休息。想像那感覺。

《巴頓將軍》裡有一幕，巴頓剛到北非的突尼西亞不久，要屬下開車帶他去看戰場，快到時司機說應該朝左，巴頓卻命往右，他知道在哪裡——他聞得出來。戰爭從來都是殘酷的事，而巴頓正巧熱愛戰爭，恰如有人之迷電腦遊戲。他又極迷信，相信自己前生奔波疆場，史上許多戰役他都親身經歷。等車子停下，巴頓下車，我們隨他的視線，看見平蕪之上迎天矗立的高大石牆拱門，週圍是一片低矮斷石，棋子般散佈開來，好似斷簡殘篇，或話說一半就戛然而止，邀人去猜測或完成。巴頓說兩千年前，這裡是迦太基對抗羅馬的古戰場。我馬上就「驚艷」，暗叫：「我要到那裡去！」

突尼西亞廢墟給我的美感，首先，在那長遠背景和拱門石柱間造成的壯闊感，其次才是那荒涼之美。我看見的是構圖，是空間遠近和石頭草木在質感和色感上的對比，是掙脫規範的秩序所帶來的野氣和生機。《人在廢墟》爬梳古今，甚至還引了一首漢詩，不斷反覆的正是這一點：是人力和天然的角力、死滅和生長的辯証，給了廢墟的難言之美。

廢墟的「廢」來自人的角度，「有人」或「有用」便「不廢」，只有人才能對物件加以「廢棄」。從石頭的角度，它們對是拱門是斷壁、或方或圓、或站或躺都無所謂，何

「廢」之有？而從草木的角度，見風而生有空就鑽，只要有空氣陽光土壤水分，它們就能快樂生長，更沒有「廢」之可言。詩人和畫家超出功利和道德的框架，看見了相互作用消長的有機秩序，因此而看見無所不在源源不絕的生命力，不看見荒蕪，更不看見悽涼。帝王將相，比起議場拱門上迎風搖曳的野花算什麼？個人又算什麼？廢墟之美，在人的視野由自身擴張了出去。不再輕視，而在玩味；不再隔絕，而在進入。

這種超然物外的廢墟美學，後來發展成英國的「如畫美學」，甚至墮落到上流階級興建假廢墟的玩景流行。相對中國庭園裡的假山和亭臺，十六到十八世紀歐洲國家競相建造玩景，以滄桑情調爲現世享樂的調劑。荒謬？淺薄？這種廢墟品味，(且不提富人以骨董佈置家宅)，和現代年輕人故意把牛仔褲磨損到發白破洞，隔時空而對話。

4

廢墟不單是一堆瓦礫，而是感受，是意境。

同一廢墟在不同人眼裡，意義完全不同。

譬如：「對希特勒而言，環形競技場不是廢墟而是紀念碑，是半滿而不是半空的杯子。吸引他的是石藝的持久和一個皇帝的野心在實體上的保留；相反，對愛好廢墟的人，引人的是短暫和脆弱。詩人和畫家喜愛廢墟，獨裁者喜歡紀念碑。」

正好呼應古希臘軍事家修西提底斯所說：「雅典會留存，不是因爲比斯巴達偉大，而是因爲雅典的統治者對建築比較有心。」

讓我想到長城雖在，阿房宮、未央宮卻早與草木同朽，除了文字，無可憑弔了。

廢墟是紀念碑？是公園？是廢物？

廢墟，尤其是戰爭廢墟，是否需要保存？如何保存？應加整修，還是順其自然？

武德爾德除了帶我們走過許多廢墟，並提出了這些問題。

義大利的水都寧法無人經營，是個仙女花園似的廢墟。對面的極端是小城諾托，舊城為地震所毀以後，鎮民建了新城，舊城由地景藝術家封在了水泥裡。光禿乾旱，森冷嚴峻。有的廢墟，似乎必須任其敗壞才最動人，如蘭帕度薩的家。

而戰爭廢墟呢？

有的戰爭廢墟淪為庸俗的觀光區，有的戰爭廢墟根本是謊言，而有的戰爭廢墟成為供人休閒緬懷的公園。

如何保存廢墟而仍不失廢墟原味？這裡沒有公式。

5

現實中有許多的廢墟，小說和電影裡也多廢墟。武德爾德除徘徊歷史廢墟，也不忘小說和電影世界裡的廢墟，像狄更斯的《厚望》（後來經大衛連改編成電影）、哈代的《黛絲姑娘》（電影由波蘭斯基導演），像費里尼的《情事》等。

當然，還有更多例子。像費穆的《小城之春》故事在一棟廢墟老宅裡進行。費里尼的《羅馬》裡，我們看見挖路發現的古宅，那鮮活壁畫在眼前見光而逝。《銀翼殺手》裡的廢墟洛杉磯，成了科幻廢墟的經典。《大寒》（其實譯成《寒顫》更貼切）裡，也有一棟美妙但無人留意的廢宅。《八哩路》裡有場戲，背景是底特律的密西根中央火車站廢墟。那腐朽的火車站一度宏偉華美，而今天蕭條的底特律曾是不可一世的汽車王國，就如羅馬帝國當年。

書裡提到《土星之環》裡的片段描寫。其實西柏德的小說裡總充滿了廢墟，包括實存廢墟和廢墟意象、廢墟心境。他的小說沉思歷史和記憶，一貫籠罩深沉的廢墟感。譬如《移民者》裡寫敗落的英國工業城曼徹斯特，淒清而又尊嚴，簡直帶了《聊齋》情調。在當代土耳其小說家歐罕・帕慕克(Orhan Pamuk)剛出版的回憶錄《伊斯坦堡》裡，國際旅遊勝地伊斯坦堡不過是奧圖曼帝國的廢墟。

6

我在各處看見廢墟。有時，眼神一個切換，現代文明光澤盡褪，便儼然廢墟。

在我居住的紐澤西郊區附近，開車時便常可見這樣的廢棄農舍萎頓在路旁，半塌半立，陳年舊漆成鱗片剝落，樹木雜草茂盛，從容不迫卻又似異常急速地將整座屋舍掩埋。我們曾在幾棟這樣的「農家廢墟」間漫步，除了「似乎曾經」和「而今可是」那種詩意兼道德教訓的顯明對比外，更感到一種迷離的誘惑，迥異一般所謂藝術強以人意和技藝經營出來的那種秩序美。廢墟的殘破似乎並不悲涼，並不要求哀悼和憐憫；那表面的破敗和死亡只是人的偏見，其實，廢墟安靜履行一件大自然最擅長的事：自生自滅。並非所有的生滅都與人相關，但通過人的角度，那生滅的必然帶了悲喜的成份。當人力有所不足時，無心無言的大自然悄然且欣然接收。人在受到廢墟神秘的誘惑時，便是因為聽見了「天行健」那首生生不息彷彿風過林梢的歌。

其實不止是在紐澤西郊區，出門旅行，在新墨西哥和科羅拉多看見印第安人廢墟和白人淘金熱留下的鬼鎮荒城。在台北搭捷運，總可見沿途種種的廢棄景物。在木柵附近隨意走走，也總不免撞見各種破屋廢宅，外形大致還在，但部份

已經是凋殘倒塌。我必然走近前去張望一番，通常時間匆忙，便攝影留作記錄。

雖然大多人忽視廢墟，還是有些人看見了。譬如，姚瑞中的《廢墟迷走》，和阮慶岳的《惚恍：廢墟、殘物、文學》，分別以黑白攝影配合散文或小說，來沉思台灣的各式廢墟，包括工業廢墟和感情廢墟。姚瑞中的許多攝影，尤其表現了廢墟或蒼涼或悲壯或嫵媚或幽默戲謔的氣質，讓我流連佇足，好像人在其中。

7

我從不曾去細想為什麼受廢墟吸引，直到讀了《人在廢墟》才豁然：「原來如此！」

若你沒跳過這序，現在請進入廢墟。也許，你會在那荒涼間快樂走失。

I

誰殺了黛西・米勒？

誰殺了黛西‧米勒？

電影《浩劫餘生》（1968）最後一幕，太空人查爾斯‧赫斯頓騎馬馳向遠方。「他會在那裡找到什麼呢？」一位人猿問。「他的命運。」另一位答。在荒涼的海邊，一道陰影劃過赫斯頓的身形。他抬頭看視，然後大驚滾身下馬。「噢我的天！我回來了。我就在家。該殺的你們全該下地獄！……你們這些瘋子。他們幹了，他們終於幹了，他們把它炸了！」那陰影來自自由女神像。她深陷到腰際，記事板破損，火炬碎裂。他恍然大悟，人猿星球就是地球，當太空人旅行過太空時，地球為核戰毀滅了。他是最後一個人類，孤獨平坦的沙地一直伸向遠方。

在這電影拍成一世紀前，一位身披黑斗篷的男士坐在一道殘破的橋拱上，緊抓住畫家的速寫簿，好像在刻墓誌銘。河濱水流遲緩、蘆葦叢生，焦黑的建築殘殼立在沼地邊，一座建築的外牆上是「商業碼頭」的招牌。這是倫敦——或者應該說，是藝術家古斯塔夫‧多雷[1]（Gustave Dore）在1873年想見的未來倫敦。[2]多雷的版畫裡那看來像巫師的人是個來自紐西蘭的旅人，因為對許多維多利亞時代的人來說，那塊新殖民地似乎代表了未來的統治文明。他坐在倫敦大橋的破圓拱上速寫聖保羅大教堂（St. Paul）廢墟，就如維多利亞時代的英國人速寫古羅馬廢墟。商業倉庫旁那狀似大教堂的廢墟是坎南街車站，1873年時還是全新，可是在這想像裡，它和大橋的鑄鐵墩在潮汐的爛泥裡一起生銹腐蝕。

沉思廢墟，我們想到自己的未來。對政治家來說，廢墟預兆帝國的衰亡，而對哲學家，則是凡人想望的枉然。對詩

1 Gustave Doré, 1832-1882，十九世紀法國名插畫家，為《神曲》、《唐吉軻德》和《聖經》等所作插圖著稱，畫風具幽深神秘氣息。譯註。

2 多雷畫的紐西蘭人收在《倫敦》裡，1972年出版，該書表達了他對現代城市的看法，搭配的文字出於布蘭釵‧費洛德（Blanchard Ferrold）。這隱喻源自湯瑪斯‧麥考雷參考Von Ranke, *History of the Papacy in The Edin-burgh Review*, Oct. 1840。

圖說：〈紐西蘭人〉，古斯塔夫·多雷繪，倫敦，1873年。

人，紀念碑蝕毀代表了個人自我在時間之流中銷亡；對畫家或建築師，巨大古蹟的殘骸讓他們想到自己的藝術到底是為了什麼。如果遠更偉大的作品都遭到時間毀壞，那又何必孜孜以畫筆或鑿子創造完整之美？

一些年前，我在逛阿姆斯特丹的國立美術館（Rijksmuseum）時，走過林布蘭的〈守夜〉，來到幾間滿是尼德蘭黃金時代畫作的展覽室裡，畫上都是獵人、溜冰人和開心的農人。我為一幅無人留意的晦暗小畫驚住了：畫的是間藝術家畫室的內景，出於十七世紀一位名叫麥可·司韋特[3]的人筆下。畫中背景完全是平常無奇的景物：就像一般藝術家的教室，眾學生正臨摹一座古老的裸身雕像，另一位稍長的藝術家則正以青銅鑄造人像。

然而，前景處，古老神像和英雄雕像的碎塊組成了一座耀目的石堆，畫得極明亮清晰，簡直就像是剪下的照片拼貼在帆布上。我沉醉在這幅畫裡，卻也像再度發現了一場遺忘的惡夢那麼不安。我的心思遊走到奇里柯[4]超現實繪畫裡破碎的人物，和他近作裡屠宰成大塊的蒼白肉體。石堆左邊，我現在注意到，有個男人，像當時畫室藝術家的作風戴著頭巾。這會不會就是司韋特的自畫像？我從沒聽說過他。他是個1618年生於布魯塞爾的畫家，四十歲時死於高阿（Goa）。是不是出於自殺呢？因為這幅畫似乎已經隱含了自殺的跡象。畫題沒有進一步說明，可是我相信，起碼，他放棄了畫家的生涯。這幅畫裡創造和毀滅的衝擊，顯示了畫家在面對宏偉古典的過去時所產生的懷疑，只是，諷刺的是，廢墟難逃卻也正給了西方藝術極大的感召。

我從司韋特的畫室轉身走開時，覺得奇異地失落，卻又十分平靜。為什麼沉緬廢墟會給人這樣崇高，甚至喜極的昏

3 Michael Sweerts，十七世紀的荷蘭畫家裡最高深莫測也最受人推崇的，羅夫·科爾森（Rolf Kultzen）針對他做了好些研究。司韋特在1618年生於布魯塞爾，他在繪畫上的訓練至今仍是個謎，但到了1646年，根據記錄他住在羅馬。1656年回到布魯塞爾後，開了一間寫生學校，同時他在宗教上的狂熱也逐漸顯現了出來。我想，正是這份宗教狂熱，解釋了阿姆斯特丹國立美術館裡他的畫之謎。司韋特參加了一團天主教傳教士，經過敘利亞到了遠東，1664年死於高阿。

4 Giorgia de Chirico，1888-1978，義大利畫家，油畫常詭奇如夢，為後來的超現實主義開路。譯註。

圖說：〈藝術家的畫室〉，麥克‧司韋特繪，1640 年。

沉感？我覺得好奇。山姆‧約翰生談到：「任何將我們從感官的力量撤離的——任何讓過去、遙遠或未來凌駕現在的，促使我們提昇人類尊嚴的……那人沒什麼可羨慕的，在馬拉松平原上愛國心不能給他更大力量，在羅馬廢墟間他也不會更加有勁。」司韋特到過羅馬，我相信。因為古蹟的陰影，正是西方世界迷醉廢墟最大的泉源。每個新帝國都宣稱是羅馬後裔，然而羅馬的廢墟卻問道：但若像羅馬這樣的巨無霸都會粉碎，難道倫敦或紐約不會嗎？更進一步，羅馬廢墟的規模推翻了遊客認為人類進步必然克服時間的假設。維多利亞女王治下的倫敦，是第一座在人口和地域上超越古羅馬的歐洲城市；直到1851年水晶宮（Crystal Palace）在海德公園興建前，環形競技場始終是容量最大的建築。到西元451年羅馬遭受哥德人破壞後，十五世紀間任何到羅馬的遊客都不免發現，我們儘管活著卻無法追隨逝者的足跡，因而萌生了奇異的失落感。[5]

另一道陰影籠罩住同一地面。基督教訓示，人在世間的成就不過轉瞬即逝，金字塔、房屋和摩天大樓在最後的號角響起時都會碎成塵土。這種末日啓示並不限於基督教而已，獨特的是，基督教的聖堂和古典文明的最大廢墟合而為一。影響歐洲心靈的兩大力量都來自環繞臺伯河畔的山丘。因而要探究廢墟引發的樂趣和恐懼，正好由永恆之城開始。

西元400年時，羅馬是座人口八十萬的城市，三七八五座黃金、大理石和青銅雕像讓整座城光燦奪目。環繞的城牆有十哩長，上面有三七六座塔，並有十九座高架水道輸送新鮮泉水到一二一二座飲水噴泉和九二六座公共浴場。沒有跡象顯示任何作家或畫家想到它未來會毀滅，詩人如提流斯‧納瑪田納斯（Rutilius Namatianus）表達了當時公認羅馬就

5 就古典羅馬的消失，無人居處（the disabitato），和對早期中世紀的朝聖基督徒廢墟的出現，參考 Richard Krautheimer，*Roman：Profile of a City*，312-1308，New Jersey，1980。羅多佛‧蘭其安尼（1847-1929）的結論在 *The Destruction of Ancient Rome*（1906）一書中。他給藝術雜誌《雅典人》（*The Athenaeum*）的信件集合出版為《羅馬札記》（*Notes from Rome*），由安東尼‧科柏里（Anthony L. Cubberley）編輯為 *British School at Rome*，1988。這些是對統一後的挖掘最好的目擊敘述；蘭其安尼是當時的首席考古學家，但對那時已經消失的如畫之美別具隻眼。羅諾‧瑞德里（Ronald Ridley）的《老鷹和鏟子》（*The Eagle and the Spade*）（Cambridge，1992），是就拿破侖佔據羅馬期間挖掘議場的第一個有系統研究。瑞德里（頁141）描述1812年法國人計劃將議場變成「英國花園」，如第 VI 章所提。

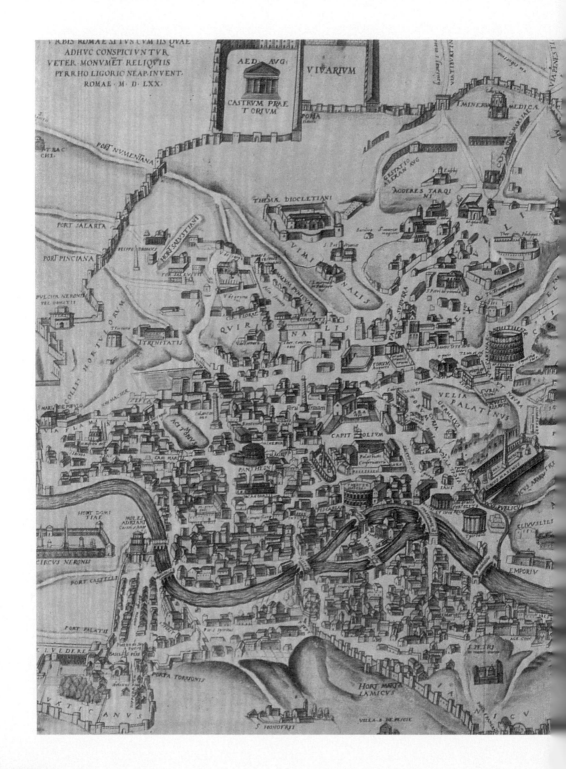

圖說：黎戈里奧考古地圖，鳥瞰羅馬。以雅尼庫倫丘
（Janicule）為起點。主要地點包括了巴拉丁丘、古羅馬
廣場、卡比特里尼丘等廢墟。

像宇宙自身一樣永恆的看法：

> 如果他忘了你，將無人安全；
> 容我讚美你，在太陽仍暗時。
> 要盡數羅馬的榮耀就好像盡數
> 天上星辰。

西元410年，西哥德人攻佔並掠奪城市，455年換成了東哥德人。到了五世紀末，只有十萬市民留在羅馬，富人逃到了君士坦丁堡，或跟哥德人到他們的新首都雷凡納（Ravenna）去了。六世紀時，拜占庭人和哥德人三度角逐羅馬，人口跌到三萬，水道和飲水噴泉遭到破壞，導致民眾擠在臺伯河邊窮困生活。許多人把羅馬敗亡視為西方文明史上最大的災禍。

　　建築的變化原本就緩。哥德人掠奪羅馬，但並未加以焚燒或破壞。拿聖傑羅姆（St. Jerome）的話說：「眾國瞻仰的神祇現在與貓頭鷹和夜梟一起，孤守在壁角的神龕裡。金碧輝煌的卡比特（Capitol）蒙塵凋蔽，羅馬所有神廟都佈滿了蛛網。」等到新城，即基督教的羅馬，環繞聖彼得犧牲地和教皇在聖約翰·拉特蘭（St. John Lateran）的宮殿外圍建起來，卡比特里尼丘（Capitoline Hill）和議場（Forum）上的公共建築就都廢棄了。幾世紀後，議場變成了牧場，牛群從當年卡斯托和坡勒克斯在瑞吉勒斯湖（Lake Regillus）戰役後用來清洗戰馬汗水的噴泉喝水。[6] 廢物滑下陡峭的卡比特里尼丘，堆積三十三呎深，將維斯帕西安神殿[7]掩埋。羅馬舊防禦工牆圍起的廣大區域，五分之四都變成了廢墟、葡萄園和農場散佈的荒地。要到1870年後，當這城市成了新統一國「第三羅馬」的首都，才又有人居住。

6 Castor & Pollux，雙子座星辰，羅馬神話裡的雙胞兄弟，相傳兩人騎了白馬在瑞吉勒斯湖幫羅馬作戰，羅馬人因而在他們出現處建了神廟。譯註。

7 Vespasian，西元69-79年的羅馬皇帝，尼祿皇帝死後羅馬大亂，維斯帕西安重整國家秩序和安定。譯註。

圖說：〈羅馬議場〉，吉歐凡尼·巴提斯塔·皮拉內西繪，1751年。羅馬衰亡以後，議場廢棄了，留給燒石灰的人和牛群；十八世紀時，大家還是稱它為牧牛場。

　　可是，若哥德人沒破壞建築，那麼，那些滿佈灰塵和蛛網的神殿到哪裡去了？它們經由回收再生了：之後的一千年裡，古羅馬重建，變成了基督教羅馬。當盜賊摸黑竊取黃金和青銅雕像以便銷熔時，荒涼的廢墟柱廊間響起了棒槌的回音。既然議場就在新城門口，有現成的平滑石塊可用，何必開採新礦？教皇把競技場租出去做石礦場：我們在梵帝崗檔案處取收據時，看見了一張二〇五金幣的賬單，支付1451年9月和1452年5月間移走二五二二噸石頭的費用。 1462年，十分難得的，庇護（Pius）二世立法保護紀念碑。他是個人文學者，許多年前曾寫了一首詩頌讚廢墟：

　　　　噢羅馬！你特有的廢墟是樂趣，
　　　　你的華美敗落了；然你一度無可倫比！
　　　　從你的古牆奪下的高貴石塊
　　　　被貪圖利益的奴隸燒成了石灰。

惡徒！設使你輩得逞
再過三世，羅馬的輝煌將消失不見。

　　然而，像許多以前或以後的立法，庇護二世的法律無人
理睬。1519年，拉菲爾告訴教皇里奧十世：「我甚至敢
說，不管這個新羅馬多偉大美麗，有多少宮殿、教堂和其他
建築來裝點，都是以古大理石的灰蓋成的。」自拉菲爾結識
這城十二年以來，瑟瑞斯（Ceres）神殿和兩座金字塔中的
一座都遭到了破壞。庇護二世和拉菲爾所指責的焚燒石灰，
是回收利用中最普遍但破壞性也最大的一項。混灰泥時，石
灰粉是最好的凝結劑，最方便的來源是焚燒大理石。十九世
紀末，地質學家羅多佛・蘭其安尼（Rodolfo Lanciani）發現
了一座石灰窯，是許多世紀前燒石灰的人倉促中留下的。裡
面站了八尊爐火處女神（Vestal Virgins），「像一捆木材豎
在一起，中間簡直毫無空隙，軀體曲線形成的空處塞滿了大
理石碎片。」等候焚燒。有一次，十七世紀偉大法國畫家尼
可拉・普桑（Nicholas Poussin）在議場速寫時，有人問他哪
裡能找到古羅馬的精神。他跪下舀起一把土，說：「這裡。」
牧牛的草地混合了大理石粉，是世上最肥沃的沉積土。

　　從羅馬滅亡到十八世紀，議場裡唯一的房子是燒石灰人
的房舍，及乞丐和盜賊的茅屋。對中世紀朝聖的基督徒，這
些廢墟是由民間傳說裡的神秘巨人所建，而不是凡人，他們
又以為競技場是圓頂的太陽神殿（Temple of the Sun）。從一
座神廟到另一座時，他們避過泥爛、惡臭的議場荒野。
1155年，腓特烈・巴巴羅薩[8]的軍隊侵略羅馬，一名士兵形
容廢墟裡爬滿了綠蛇和黑蛤蟆，空中滿是飛龍的毒氣，和上
千腐爛的日耳曼士兵，他們佔領城市時死於高燒。當來自厄

8 Frederick Barbarossa，外號
紅鬍子腓特烈，原是普魯
士國王，1152年成為神聖
羅馬帝國皇帝。後來為報
復耶路撒冷為回教軍隊所
毀，與法王菲利普二世和
英王理查一世率領十字軍
東征，是為第三次東征。
1158年，為鎮壓義大利北
方的自治城市米蘭，腓特
烈率軍進攻北義大利。譯
註。

圖說：荒涼的羅馬議場廢墟。

斯克（Usk）的亞當從亨利五世的英格蘭旅行到這裡，看見狗群在聖彼得外打架：「噢天啊！羅馬的下場眞可悲！一度充滿了偉大的君王和宮殿；現在到處是茅屋、盜賊、狼和毒蟲，而羅馬人還自相殘殺。」

　　一直要到十五世紀文藝復興時代，我們才能找到新趨向，研究古碑文和手稿代替了迷信傳說，藝術家和建築師試圖拼起散佈的古老殘片。第一幅描繪議場廢墟的畫，是1336年時，馬索・班克[9]在佛羅倫斯的聖克羅奇（Santa Croce）教堂裡畫的。然後在下一個世紀初，布魯內列斯基[10]和唐諾泰羅[11]從佛羅倫斯來研究廢墟。他們剛開始挖掘時，當地人以爲他們是尋寶的；等他們用羅盤和量尺來設定畫作所需的尺寸時，卻被指控是利用秘教玄術來發現金銀的魔法師。1430年，古物商坡吉奧・布拉奇奧里尼（Poggio Bracciolini）來到了羅馬：

9 Maso di Banco，早期文藝復興時代，義大利畫家佛羅倫斯派畫家。譯註。

10 Brunelleschi，義大利文藝復興時代名建築師，1377-1446，發明了數學透視法，設計建築包括佛羅倫斯大教堂中央巨大圓頂和聖可羅奇教堂的帕齊禮拜堂，開創了文藝復興建築風格。譯註。

11 Donatello，文藝復興時代義大利雕刻家，1386-1466，追求古典藝術的寫實手法，他的雕刻逼眞生動，有血肉之感，如〈大衛像〉。譯註。

圖說：據考，此圖為維斯帕西安神殿的廢墟。繪畫的風格
接近畫家普桑與胡伯特·羅伯。

我們所坐的卡比特丘，原是羅馬帝國之首，是地球的城堡、國王們最大的恐懼；許多勝利的腳步表現出它的強大，許多國家的戰利品和進貢讓它富裕。這世界奇觀，全都衰敗了！變了！面目全非了！勝利的道路埋在了藤蔓底下，而糞堆覆蓋了議員的坐凳……羅馬人的議場，那個他們聚集以立法與選舉行政官的地方，現在成了豬圈牛圈。那些公共和私人建築，原為永恆而建，倒塌了，破損了，赤裸如勇武巨人的肢體；因那些逃過時間和命運劫難而倖存的巨大殘骸，而讓廢墟更加怵目。

坡吉奧的悲悼成了看視羅馬的新方式。而那「世間輝煌如此而去」（Sic transit Gloria mundi）的教訓，沒有比在競技場裡更清楚了。它曾用來做石礦場、私人城堡和鬥牛場：西元422年、508年、847年、1231年和1349年，遭到地震災害。外部的拱廊散佈糞堆，到處都是乞丐，還有店家搭起了陽篷，支柱就插在青銅箍子一度固定大理石外殼的洞裡。甚至從裡面你都聞得到來自週圍農家的捲心菜味。

Quamdiu stat Colyseus, stat et Roma:
Quando cadet Colyseus, cadet et Roma:
Quando cadet Roma, cadet et Mundus:

正如拜倫翻譯〈可敬的貝德〉（*Venerable Bede*）：

但凡競技場矗立，羅馬矗立
當競技場倒下，羅馬倒下
而當羅馬倒下——世界倒下。

競技場設計成橢圓形，六一七呎長，五一三呎寬，一八七呎高。由維斯帕西安大帝所建，西元80年開幕，那時詩人馬提爾（Matial）以「世界第八奇觀」迎接。場地大可容五萬

觀眾。打海戰時，場內灌滿了水，角鬥士力搏獅子、豹子、大象和鴕鳥時，便重新改裝為叢林或石礫沙漠。打從競技場開始，基督徒便用來餵獅子，西元404年，他們禁絕了角鬥。

　　基督徒皇帝君士坦丁刻意將主要的基督教廟宇——譬如像聖彼得大教堂和拉特蘭神殿——安置在遠離古典神廟的安全距離外。仍然，在競技場裡，兩宗教的衝突勢所難免，浸染了殉道者鮮血的沙地成為朝聖的所在。十八世紀初，競技場正式獻給了殉道者，朝聖者環沿競技場而立的十字架站（Stations of the Cross）遊行，或連續親吻中央的黑十字架以贖罪。勇猛些的朝聖者爬上藤蔓纏繞的滑溜陽臺，在頂上豎起十字架。緊靠階梯環形劇場蓋起了一棟草廬；一個住在那裡的人因販賣他在競技場裡種的乾草而受到罰款。競技場展現了羅馬人最強大的一面，也展示了他們最殘酷的一面，因此對任何受過古典教育的基督徒，遊歷競技場是件尷尬的事。這種內在衝突查爾斯‧狄更斯在他的《義大利信札》（*Letters from Italy*）（1846）裡表現得最分明。他一跨進羅馬，義大利人的面貌就變了：

　　美變得帶了邪氣；街上的常人，若明天置身修復的競技場裡，一百人裡大概沒有一個不會面容自在愉快……〔在競技場裡〕那孤寂、可悲之美，與極度的荒涼，在下一刻，像軟化的憂傷，打動了這陌生人；從此，也許任何與他自己感情和不幸無切身關連的景象，再也不能讓他這樣感動和無法自己了。在那裡見到它那樣剝蝕，一年一吋；牆壁和圓拱生滿了綠色植物；走廊敞向天空；陽臺上長了高草；昨天的小樹從破欄杆上冒出來，還結了果子：可能是在那些縫隙間築巢的鳥掉了種子意外結的果；見到那角鬥場上填滿了土，和立在中央的和平十字

圖說：1937年羅馬文化展覽會
開幕，重現了奧古斯都時代的
環形劇場。

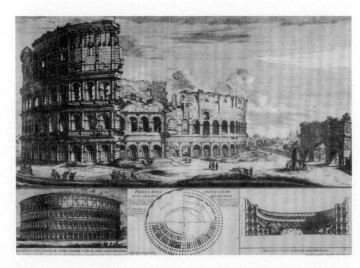

圖說：環形廢墟圖。

架;爬到上層大廳,往下看到廢墟,廢墟,廢墟,
到處都是……是看見舊羅馬的鬼魂,邪惡美好的老
城,在它的人民行走的地上陰魂不散。在可想見的
事物中,那景象最是刻骨銘心,最壯觀,最莊嚴、
華美、雄偉、悽涼的了。在競技場血腥的顛峰,那
人群湧動貪得無厭的壯觀景象,從沒能打動過任何
人,不像它的廢墟那樣打動現在瞻仰的人。謝天謝
地:一座廢墟!

　　威廉‧貝克佛德(William Beckford)卻提出恰恰相反
的見解,他在1779年秋來到羅馬,正是大環遊[12]高峰的時
候。他擁有一百萬英鎊在牙買加糖業的遺產,「英國最富有
的兒子」── 拿拜倫的話說 ── 可能是英國藝術史上因溺愛
而大為受益的人物了。五歲時莫扎特教他音樂 ── 那時作曲
家才七歲 ── 二十一歲時寫了東方浪漫小說《法色克》
(Vathek)。在和一名年輕貴族鬧出同性戀醜聞後,遭到社交
圈排斥六十年,他在威爾廈(Wiltshire)興建仿哥德式的方
特丘(Fonthill)修道院作私人的藝術神殿。方特丘內部的
奢靡和誇張我們略有所知,那是他對聖彼得大教堂的回應,
他的車隊人馬一到羅馬,他立刻就上大教堂去了。貝克佛德
寫信給密友說,趕走教士,你我就可以住在罩住貝尼尼[13]的
大青銅屋頂的帳子下。拿黃絲料遮窗,我們就可以忘卻日子
來去、壁龕裡的油燈、無盡長夜裡的星辰。將聖彼得大教堂
收為私人隱居處,需要自大的想像力 ── 和蓄意反教會的精
神。

　　到了環形競技場,他的直覺反應是把那堆紀念殉道的噁
心玩意兒踢到河裡去。「幾個懶散的修道院院長在〔十字架
站前〕膜拜,那樣子,我敢說,正好讓獅子口水直流,他們
比整個殉道史上的任何聖人都肥,而且十倍的誘人。」逛進

12 The Grand Tour,十八世
　紀英國年輕人環遊歐洲
　以增長見聞的旅行。有
　人譯成教育旅行,也有
　人譯成大旅行。這裡譯
　成大環遊,因為最接近
　the Grand Tour的精神和
　字面。譯註。
13 Bernini,十七世紀義大
　利的巴洛克風格雕刻
　家,1598-1680,代表作
　如〈聖德蘭之幻覺〉。譯
　註。

議場前，在一道長了柏樹的幽僻拱廊裡，他想像古羅馬勝利的繁景。越過帕勒提尼丘（Palaltine Hill），凱撒所建的那些宮殿只剩了地窖，一道拱門下，一群「討厭的」乞丐正在烤野栗子。貝克佛德觀察這場生活劇的教訓直到火熄，「只剩一個枯老太婆邊耙餘火邊自言自語」，像舊時的巫婆。可是秋霧從競技場的縫隙間漫進來，他頭痛了，這才回旅館去。

十八世紀時，許多大環遊人士像啟蒙過的貝克佛德一樣，嫌惡天主教教士和教會，但狄更斯發言的對象是比較虔誠的高等維多利亞聽眾。不過，宗教文化的改變並不是重點：我選擇競技場來說明廢墟激起各式各樣的反應。每個觀察者被迫以自己的想像來補充那些不足的部份，因而一座廢墟對每人都不一樣。[14] 這點可能自明，但我是在倫敦參觀克冉姆上尉的孤兒院時才忽然醒悟。院裡展出匿名母親將孩子放在門口時所附的「證物」。那證物是一個物品分成兩半，不管是金戒還是瓷盤，只有在破損的兩半復合時，母親才能重認孩子。然而，每名棄兒從那殘餘部份對家庭寄予了怎樣的想像！

好似正為說明不完整和想像間的對話，對競技場最強烈的反應出自艾德格・愛倫・坡——一位從沒踏足義大利的作家。[15] 他的詩〈競技場〉（*The Coliseum*）於1833年10月26日在《巴爾的摩週末遊客》（*Baltimore Saturday Visitor*）發表。一週前，這位年輕無名的記者才剛發表了一篇獲得首獎的短篇小說。後來，坡把這詩融進了他唯一的詩劇〈坡里提安〉（*Politian*）。劇裡他把發生在肯德基州法蘭克福的愛情三角換到文藝復興時代的羅馬，一位嫉妒的律師刺死了一名曾和他的未婚妻生下一個孩子的政客。當〈坡里提安〉的英雄在月光下的競技場等候情人時，詩成了他的獨白。以舊式

14 就從遊客觀點敘述遊歷環形競技場的反應，可參考 Peter Quenell，*The Colosseum*，London & New York，1973，裡面收集了他們的描述；就競技場的設計，參考 G. Cozzo，*The Colosseum*，Rome，1871。

15 在愛倫坡傳記間，就〈環形競技場〉一詩與〈坡里提安〉和〈瓶中信息〉間的關係，肯尼斯・修佛曼（Kenneth Silverman）的《艾德華・愛倫坡》（1992）的頁92和115裡，有最深入的分析。愛倫坡提及「個人朝完美前進」的信，與勞倫斯有關愛倫坡的觀察，都在傑夫瑞・麥爾斯（Jeffrey Meyers）的《艾德華・愛倫坡》（1992）裡，頁293。麥爾斯討論〈坡里提安〉的背景（頁77），1835年12月，愛倫坡在成為《南方文學信差》（*Southern Literary Messenger*）編輯後將其摘要出版。

疊句「世間輝煌如此而去」開始——「這裡羅馬貴婦人的黃髮／曾在風中舞動，於今舞動的是蘆和薊」——那情人自己的聲音揚起，回應岩石的鳴聲。

> 這些石塊，唉！這些灰色石塊豈不就是
> 時間腐蝕宏偉建築後
> 遺留給命運和我的嗎？

石塊回應：

> ……預言的響聲朝智者永恆升起
> 發自我們和所有廢墟
> 有如岩石曼農[16]對太陽預言。
> 我們統治最強者：我們統治
> 以殘暴左右所有巨大心靈。
> 我們並不寂寞我們蒼白的石塊，
> 我們的能力並未全失——以及我們的聲名
> 以及我們名聲的奇妙
> 以及環繞我們的美好
> 以及我們內在的神秘
> 以及如衣物隨身依附我們的一切記憶
> 以更輝煌的袍子
> 披在我們身上。

16 Memnon，埃及巨大石雕神像，在通往帝王谷路上。譯註。

17 Balbac，或拼成Baalbeck，黎巴嫩古城，原爲腓尼基人所建，後來羅馬帝國在這裡建立眾神廟，幾經戰爭破壞，又遭沙漠掩埋，直到十九世紀，才爲考古學家挖掘出來。譯註。

18 Tadmor，敘利亞古城，又稱巴爾麥拉（Palmyra），《聖經》裡稱達莫。譯註。

19 Persepolis，波斯古城。譯註。

要理解愛倫坡的象徵意義，我們得去讀他前一週在同一雜誌發表的短篇。篇名〈瓶中信息〉（*MS Found in a Bottle*），由一名冷嘲熱諷、媲美威廉・貝克佛德的男人陳述：「我一生買賣骨董，浸透了巴爾貝克[17]、臺摩爾[18]和坡塞坡里斯[19]倒塌石柱的陰影，直到我自己的靈魂也成了廢墟……」這骨董商在海上爲一艘鬼魅似的船隻所救，那船以某種老舊的多孔木材所造，船員是一群夢遊、虛緲的水手。「那船和裡面的一切都浸染了艾爾達（Eld）的氣息。」他說。他們漂往南

圖說：古羅馬的競技場成為廢墟之後，被改為羊毛工廠。

極，在那裡沉沒。在坡的想像裡，南極是個永恆旋轉的露天漩渦，那裡的冰壁有如「巨大的環形劇場，壁頂消失在黑暗和遠方裡」。

那轟然的冰漩和競技場都是艾爾達，是無盡的旋轉，也就是愛倫坡心中的永恆。在那科學進步的時代，愛倫坡是個反實證主義者；正如，他在給一個朋友的信裡所寫：「我反對你所謂人朝完美前進的說法。現在人只是比較積極，但並沒有比六千年前更明智，或更快樂。」在他的散文〈明白了〉（Eureka）裡，他辯說宇宙不能以物理或天文來衡量，而是個「陰晦幻化的領域，隨想像力的變動而漲縮」。當愛倫坡審視競技場的版畫時——可能是皮拉內西[20]迷人的鳥瞰圖——他看到的不是一堆石塊，而是一個永恆神奇震動的能量之源。

對本芬努托‧切里尼（Benvenuto Cellini）來說，那氣

20 Giovanni Battista Piranesi，1720-1778，義大利十八世紀時著名雕刻家和建築家。他的版畫〈羅馬景象〉（*Views of Rome*）和〈想像中的監獄〉（*Imaginary Prisons*）極有名。他並著書闡述自己在建築上的見解。譯註。

圖說：1875 年挖掘出來的競技場。

圖說：1875 年挖掘出來的競技場。

息是儡人的活生生。他是文藝復興時代的彫刻家和金匠，服事教皇和法國法蘭斯瓦國王一世，不過他出名的除了絕頂的青銅像外，可能也在於他那色情自傳。他為了一名西西里少女從他手中逃脫而大怒，僱來一名魔法師召喚能帶她回來的鬼靈。切里尼和朋友安哲婁（Angelo）在競技場中央和魔法師碰頭，在沙上畫魔圈，倒香水到火裡，轉動五星符，直到每層黑暗座位都是古羅馬軍團的鬼魂。在安哲婁眼裡，那些士兵變成了越來越大越亮的妖魔。「這些妖物只不過是我們的奴隸；你看得到的只是煙影而已。」切里尼大叫，但這時安哲婁看見整座劇場燃起了熊熊火焰，急速燒向他們。極盡恐怖中，他放了個屁──切里尼的笑聲讓妖魔溜回陰影裡去了。

　　那些魔法師在後來殉道者黑色十字架豎立的地點生火，而夏特布里昂子爵（Vicomte de Chateaubriand）法蘭斯瓦·

VEDUTA DELL'ANFITEATRO FLA.

圖說：〈競技場〉，皮拉內西繪，1751年。在皮拉內西的鳥瞰圖裡環形劇場看來更像巨人所建，而不是人——或者，類似火山，是大自然的景觀。這觸刻畫並畫出中央的殉道者十字架，和競技場邊上的十字架站和隱士草廬。

何內（Francois-Rene）的自傳裡最悲哀的場面，正是在這十字架的台階上發生。[21] 廢墟建築，是這位小說家、旅行家和政治家最喜歡的譬喻。1768年他在布列塔尼（Brittany）一座古老破敗的城堡裡出生，後來在大革命中眼見家人上斷頭臺，與古法國政權的城堡和修道院遭受掠奪燒燬。等1800年他自流亡回到巴黎，協和廣場（Place de la Concorde）「看來就像一座古環形劇場那般衰敗、憂鬱和荒涼」，他匆匆經過，家人的鬼魂和想像中鋪地石上的血痕讓他寒冷徹骨。回到他手上的紀念物裡有一項最讓他傷心，是弟媳的婚戒，那刻了字的雙連環裂成了兩半。

　　子爵後來經拿破崙賞識恢復爵位，派到羅馬，是那城市許諾的遺忘，激他著手寫作回憶錄。他的情人寶琳·包芒特（Pauline de Beaumont）從巴黎跟去，儘管她已肺結核病重將死。她竭盡精力最後一次離開住所，說她想要跪在競技場裡的殉道者十字架前。禱告完畢，她抬眼看競技場緣和上面橢圓的藍天。「『我們走吧，我冷』……她上了床，再也沒起來過。」他在納佛納廣場（Piazza Navona）邊，收藏了卡拉瓦喬[22]的法國聖路易吉教堂（S. Liugi de' Francesi）裡，給她豎了美麗的紀念碑。

　　那自我中心的浪漫者是否戲劇化了那個場面？可能，但競技場迫使訪客製造戲劇。它的沙地和舞台地板有同樣的共鳴效果，到了晚上它那些空蕩的攤篷則是噤聲昏暗的禮堂；競技場有全世界最響的回聲。1787年，在一個月光明亮的晚上，歌德看在拱門下露營的乞丐們在中央生火，那煙霧在碗中升騰的景象激發了《義大利之旅》（*The Italian Journey*）（1816）最受稱道的場面：

21 夏特布里昂在1850年出版了《回憶生前》（*Memoires d'outre-tombe*）最後一冊，1902年亞歷山大·提薩拉·馬托斯譯成英文（Freemantle）。

22 Caravaggios，義大利十八世紀時名畫家，1573-1610，一反當時的矯飾風格，引進寫實手法，影響後來畫家如維拉斯奎茲（Velzquez）和魯賓斯（Rubens）甚深。譯註。

這時煙霧沿牆上升，透過每一縫隙和開口，月光照耀下好像雲一樣。景象輝煌極了。一個人真該在這樣的光裡看眾神殿、卡比特神殿、聖彼得大教堂的陽臺，與宏偉的街道和廣場的。就這樣，太陽和月亮，以及人心，在這裡做一件相當不同於他們在別處所做的事——這裡宏大而又優美的形體展現自己給它們的光芒。

偏偏，亨利·詹姆斯（Henry James）以環形競技場的廣闊來襯托人類交易的渺小。他將1978年的中篇小說〈黛西·米勒〉（*Daisy Miller*）最後一幕安排在這裡。晚上十一點，奈究·溫特柏恩（Nigel Winterbourne）在城裡漫步，試圖理清黛西這任性的美籍財產繼承人帶給他的迷惑。他一進競技場馬上的反應是喃喃誦念拜倫的戲劇曼弗瑞德（Manfred）裡的句子，這些句子成了十九世紀遊客間最風行的描述：

> 我正漫步時，——在這樣的晚上
> 我站在競技場的牆裡，
> 在偉大羅馬主要的殘餘之間！
> 沿破拱門而生的樹木
> 在藍色月光裡搖曳著黑影，而星辰
> 透過廢墟的縫隙閃耀；從遠方
> 看門狗在臺伯河對岸吠叫；
> 還有靠近凱撒宮外傳來了
> 貓頭鷹的長鳴⋯⋯
> 長春藤侵佔了月桂生長的地方；——
> 但角鬥士血腥的馬戲場地依然矗立，
> 高貴殘骸存於完美廢墟中！

競技場霧氣瀰漫，惡氣從剛挖開的陰溝散入空中。坐在十字架底的是黛西和吉歐凡內里（Giovanelli），他是個英俊的義

大利人，也是溫特柏恩狡猾的情敵。對溫特柏恩來說，局勢霍然開朗了：「她是個年輕仕女，她到底任性到什麼程度，不再需要一個痴迷的紳士去費心費神了。那曾讓他疑心的程度並沒有深淺──它只是粒小黑點。」他心定了，和她說話只是告訴她那惡氣對她健康有害。她反對：「我從不生病，我也不打算生病！我看來不怎樣，可是我很健康！我要看月光下的競技場──我可不願沒看到就回家了……」他們最後的話是在入口的甬道裡說的，那時她正搭出租車離去，回頭叫：「我不在乎是不是得羅馬熱疫！」一週後她死於瘧疾。

二十年前一個晚上，1858年，美國作家納森尼爾‧霍桑（Nathaniel Hawthorne）到此遊歷，為了必須和一群英國遊客共用攤位而懊惱，他們來追尋曼弗瑞德那高華的孤獨，追尋「拜倫的狂喜，而不是他們自己的」。霍桑憎恨他在羅馬第一個「寒冷、多雨、污穢、惡臭、腐敗、惡劣的冬天，」他忍受那寒冬之苦寫《大理石羊神》（*The Marble Faun*）：「從尼錄（Nero）的大火以降，我完全同意它所遭受的不幸和毀棄。其實，我恨不得在我看見以前那景象就已毀滅盡淨。」女兒正在發燒，天氣也妨害到他的健康：「到羅馬前我從不知我有腸胃或肺。」儘管這樣，在《大理石羊神》裡他捕捉到了夏夜的神奇氣氛，在導遊旅客回到各自的旅館後，當地人重又擁有了競技場：

> 一些少年少女快活在那空地上奔跑追逐，又在離地層拱門不遠的暗處玩躲迷藏；因此，不時，你聽得見遊戲中的女孩半尖叫半歡笑的聲音，陰影將她們偷偷送到了年青人的臂彎裡。年長的一群坐在散佈競技場邊的破石柱和大理石塊上，以短促抑揚的義大利話交談。

一群美國藝術家反倒欣賞這景致。「想想眞是奇怪，競技場是爲我們蓋的，但要等到它完結兩千年了才眞的物盡其用！」一人說。「維斯帕西安根本就沒想到我們。」另一人回答。「不過我還是感謝他蓋了。」這番談話後出了一件謀殺案，但我們不必滯留這裡；也沒有時間給詩人雪萊的沉思或化學家亨弗利・戴非（Humphry Davy）見到星光下世界倒塌的景象；也沒法沉緬在拉馬丁[23]對風聲嘯過拱門的哀悼，以及斯湯達爾浪漫的描述，他宣稱只有午夜時分，在「一位親切女人的屋裡」並手持描繪那建築的圖閱讀，才能體會他的所述。然而沒有一位作家看見相同的競技場。

英國植物學家里查・狄肯（Richard Deakin）在《競技場裡的花卉》（*Flora of the Colosseum*）裡，寫下了對廢墟最美的描述。狄肯記錄並描繪了六英畝大的廢墟裡不下四二〇種的植物，該處呈現極小氣候，北向潮濕而南向坡地乾熱。有絲柏和多青櫟，五十六種草和四十一種「豆類」植物，可是狄肯最喜歡各種野花：叢生在拱門低處的石竹和星狀的秋牡丹，春天時在石上閃耀。競技場裡有些花種在西歐極罕見，唯一的解釋是近兩千年前，一些供角鬥戲的動物來自波斯山區或尼羅河畔，牠們身上的種子掉在沙地上的結果。狄肯最感人的發現是基督刺（Christ's Thorn），提醒人每一殉道者贏得的「無刺的永恆冠冕」。對敏銳的植物學家來說，在過往時代的哀傷裡，植物「形成記憶的連結，並給我們充滿希望和慰藉的啓示：那些對它們沉默的請求無動於衷的人心腸一定很硬；因爲儘管不具語言，植物告訴我們，生生不息的力量讓敗壞的偉大塵土生動了起來。」

十五年後，每一棵樹都不見了，每一朵花一莖草都讓狠心的考古學家拔了。1870年，重新統一義大利的新政府把

23 Lamartine，1790-1869，法國浪漫派詩人，以詩集〈沉思集〉成名，作品並包括敘述長詩《若斯蘭》、《天使謫凡》……，小說《格拉齊拉》等。譯註。

掌管廢墟的權力交給了考古學家。「羅馬或死亡！」葛里包迪[24]曾這樣高喊。1870年9月20日黎明，在古城門發的炮宣佈教皇權威暫時終結，「第三羅馬」開始。梵帝崗的窗戶震響，教皇庇護五世投降，退回宮中作內部放逐。群眾歡迎撒丁尼亞國王（King of Sardinia）維托里歐·艾曼紐二世（Vittorio Emmanuele II），為新統一義大利的國王。

羅馬將是新義大利的首都，這新國家將是現代、民主而且俗世的，議員們穿上英國西裝打上領帶，蓋在臺伯河邊閃亮的新院部充滿了電梯和打字機的鳴聲。在他們的新國家裡兒童將不會在一座死人多過活人的城市長大。中世紀的羅馬現在等同迷信、貧窮和內戰，是英雄古蹟和新共和兩大支柱間的一段插曲。所有這衰敗插曲的遺物都成了恥辱，幾棟中世紀的防禦堡塔拆毀了，以便興建「結婚蛋糕」，也就是卡比特里尼丘上用以紀念維托里歐·艾曼紐國王的白色新古典紀念碑。然而，正是這古老輝宏和現代醲醨間的對比，激勵來自英、法或美國的遊客宣稱倫敦、巴黎或紐約為「新羅馬」，可憐的當地人只好放棄那頭銜。二十年間，羅馬的人口由二十萬加倍到四十萬。隨新政府而來的官僚需要四萬間辦公室，以及給他們家人的現代公寓。王子們賣掉了家園給房地產投機商，像路德維西別墅——亨利·詹姆斯最喜愛的——很快就給拆了。科索（Corso）最後的一塊空地，1870年前每平方米才值幾生丁[25]，賣到了一千法郎。1882年，奧古斯都·何爾[26]嘟囔「撒丁尼亞人統治十二年間給羅馬造成的破壞……大於哥德人和汪達爾人入侵。」

在何爾所謂的「模仿巴黎和紐約的醜惡新街道」，和一座座單調有如軍營的五層樓灰泥粉刷公寓下，城牆裡荒蕪的牧場、廢墟和葡萄園不見了。1876年到1913年間出版，考

24 Giuseppe Garibaldi，1807-1882，義大利愛國者，支持共和，效忠撒丁尼亞國王維托里歐·艾曼紐二世，為統一義大利而領導紅衫軍征服西西里，艾曼紐成為義大利國王，葛里包迪退隱鄉間，人稱現代義大利之父。譯註。

25 生丁：法國貨幣單位，相當於法郎的百分之一。譯註。

26 Augustus Hare，1834-1903，英國作家，生平著作眾多，集中在家族傳記和遊記兩類，遊記包括《羅馬漫步》、《倫敦漫步》等多冊。譯註。

古學家羅多佛・蘭其安尼（Rodolfo Lanciani）在一三九封給倫敦「文藝協會」（The Athenaeum）的信裡，描述了羅馬的轉變。起初，當一層又一層中古世紀的殘屑清除，現出底下的羅馬遺跡，人們極興奮。可是到了 1887 年，必須付出一番代價已十分顯然。羅馬已經不再是

> 我們夢中的羅馬，那美好的淡棕色調，濃密綠色環繞的地方：它是一片極其廣大的地方，刺目地白，半徑約六哩，緊臨卡帕尼亞的荒野……我們懷念那些老冬青槲，環成一道畫框，那深綠色恰好對比古老廢墟在南方氣候下形成的濃艷金黃色調……我們懷念那整幅景象瀰漫的安詳喜悅。沒有比週圍新區的平庸、無人保管和破爛，更難想像的了。

1887 年 4 月，哈代和妻子艾瑪乘火車從佛羅倫斯來到這裡。沒有人比這位曾是建築師的作家對廢墟建築蘊藏的感情更敏感的了，他寫，羅馬那強烈的腐敗氣氛「就像惡夢」。「怎麼有任何群眾能面對廢墟所表現出來的虛罔（Vanitas vanitatum）而仍不斷興建，真是奇妙。」在〈羅馬：在古區建新街道〉（*Rome: Building a New Street in the Ancient Quarter*）詩裡，他描述那一座座磚和灰泥公寓大樓從「時間的中央城市」廢墟間拔起，「龜裂的簷板和朽爛的牆面」似乎喊叫徒勞的警告：「傻瓜，從這裡習取人性的教訓！」

> 然而就在這廢墟的陰影下
> 歌唱的工人琢磨安裝又連結
> 他們脆弱新宅的壁畫牆凹和角落
> 似乎無知於年代的磨損，
> 儘管他們徒勞猛修的每一面裂牆
> 曾讓所有統治支柱和穹窿者蒙羞。

許多畫家因厭惡而收起了畫架，其中一位說，議場變得像「竊家賊場」。不過在爭論廢墟的真實身份上，環形競技場才是燃點。1874年，在拔掉了花和樹以後，考古學家開始在競技場裡挖掘，要挖出陰溝和地窖，因此必須移走隱士和他的草廬、殉道者的黑十字架和眾十字架站。教皇暫離放逐出面反對，每天基督徒結隊在神聖的沙地上禱告表示抗議。考古學家退出了，但已經太遲：壕溝注滿水，淹沒了競技場。五年間它一直是座湖，直到蓋新下水道。水排出那天，蘭其安尼告訴倫敦讀者，「齊集目睹這場面的群眾」，可能包括霍桑見到的那些當地人，發出了喝采。「可憐的競技場！自從1874年的摧殘後就面目全非了。」還有，可憐的黛西──正是那場挖掘從下水道釋放了致命的毒氣。

自那時開始，下水道和地下甬道就一直敞開了，光禿有如現代建築場地的地基。我找不到一位受到1870年後的競技場鼓舞的作家或畫家，唯一的例外是：那名失敗的畫家，阿道夫‧希特勒，和他的建築師們。[27]

"Rom hat mich richtig ergriffen!"〔羅馬讓我大吃一驚！〕他第一次看到羅馬是在1938年的國家訪問時。墨所里尼安排了遊行儀式，由在卡伊烏斯‧卡斯提烏斯（Caius Cestius）金字塔的火車站到他在卡比特里尼丘底的威尼斯宮（Palazzo Venezia）。希特勒的火車晚間到達，那些帝國羅馬最傲人的紀念碑以四萬五千盞由一百哩電纜連結的電燈照耀通明。競技場由內部以紅燈照明，看來像在熊熊燃燒，血紅光照亮了草地和週圍坡地上的紅磚廢墟。緊接幾天下雨，軍事演出因而取消，希特勒趁機回到競技場，花了幾小時為紐倫堡的新國會大廳單獨研究設計。那設計將採環形劇場造型：他的建築師艾柏特‧斯皮爾（Albert Speer）曾和他討

27 艾利克斯‧斯科比（Alex Scobie）的定案著作《希特勒的國家建築》（Hilter's State Architecture，Philadelphia，1990），由各方面″„究這獨裁者對古典建築的興趣，透露了他對廢墟的迷戀。

論過，歌德以為在競技場裡群眾精神合而為一，沉醉在忠誠中而前仰後搖。希特勒由那結構看到了更沁入人心的道德意義：興建這些「權力不朽的象徵」，有賴來自受征服的「不文明」區域的奴隸。

回到德國後，希特勒開始了一項政策〈聯邦領地毀損法〉（Toerie von Ruinwert）。從此，在興建納粹公共建築時，不得再使用鋼和含鐵的混凝土，因為它們會毀損。只有使用大理石、石塊和磚塊能保證當千年德國政府衰亡時，那些建築會像它們的羅馬楷模。正如斯皮爾在回憶錄裡解釋的：

> 他回想，最後，留下來提醒人們歷史上偉大時代的，只有他們的雄偉建築。不然，羅馬帝國還遺留了什麼？若不是他們的建築，還有什麼證據留下……因此，今天，當墨索里尼要以現代帝權的觀念來激勵人民時，可以拿古羅馬的建築來昭示羅馬的英雄精神。我們的建築必得訴諸未來德國世代的良心。根據這議論，希特勒也理解到持久性建設的價值。

斯皮爾甚至把他的藍圖呈給希特勒看，裡面他想像紐倫堡的齊柏林場（Zeppelinfeld）的大理石柱廊是未來爬滿長春藤的浪漫廢墟。在國會大廈（Reichstag）的內閣室，希特勒掛了十八世紀法國畫家胡柏·羅柏特（Hubert Robert）的廢墟圖景。是不是因為希特勒迷戀廢墟，我們就該迴避？不；倒是相反。對希特勒而言，環形競技場不是廢墟而是紀念碑，是半滿而不是半空的杯子。吸引他的是石藝的持久和一個皇帝的野心在實體上的保留；相反，對愛好廢墟的人，引人的是短暫和脆弱。詩人和畫家喜愛廢墟，獨裁者喜歡紀念碑。

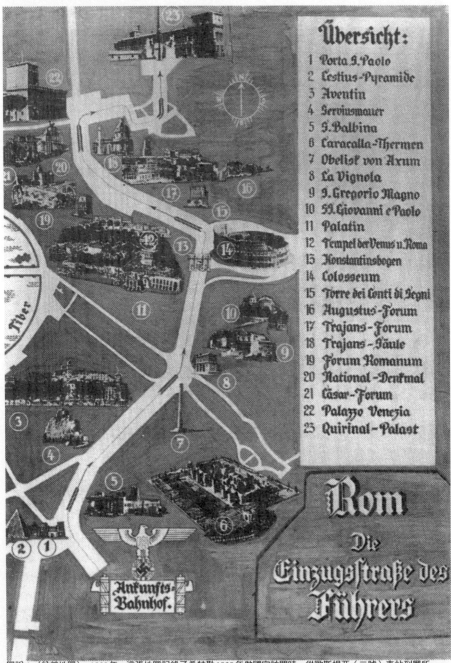

Ankunfts-Bahnhof.

Rom
Die
Einzugstraße des
Führers

圖說：〈納粹地圖〉，1938年。這張地圖記錄了希特勒1938年做國家訪問時，從歐斯提亞（二號）車站到墨所里尼在帕拉索‧維尼西亞的宮殿（二十二號）的路徑。沿途的廢墟以四萬五千紅燈照耀。

出於類似理由，藝術家必然和考古學家衝突。對後者而言，散佈的碎石是一幅拼圖的部份，或是一道謎題的線索，通向單一解答，就像在實驗室裡一樣；對畫家而言剛好相反，任何一個想像的答案都是對的。五世紀來，環形競技場滋潤了藝術家和畫家，而正是那些和競技場最初的「真理」相衝突的特質激發了他們的創造力。殉道者的黑十字架，黛西‧米勒、夏特布里昂和寶琳‧包芒特坐在它的台階上。月光下的孤獨，拜倫聽見的貓頭鷹啼。鬼魅的煙霧散去，現出切里尼的妖魔、歌德的幾何和愛倫坡眩人的艾爾達漩渦。種乾草的隱士；貝克佛德在絲柏間的遐想；以及狄肯的基督刺。一切已去，競技場死滅。今天它是歐洲最俗氣的紀念碑：一圈光禿、死寂和空蕪的石頭。沒有陰影，沒有沙地，沒有回聲，倘若隙縫裡開了一朵花就被噴上除草劑。這紀念碑從早上九點半到下午六點開放給群眾，之後大門便鎖上了。1820 年一個向晚時分，斯湯達爾看見一名英國人騎馬馳過冷清的競技場。但願那人是我。

II

病態樂趣

病態樂趣

「我在多牆的老城阿維拉（Avila）出生。」西班牙小說家米蓋爾·戴里貝斯[1]在他1948年的小說《柏樹影越來越長了》（*The Shadow of the Cypress Is Lengthening*）裡這樣寫。阿維拉在馬德里西邊，高踞在光禿禿的高原上，以綿延的中古防禦工事出名。今天阿維拉觀光業繁華，觀光客到大德蘭（St. Teresa）修道院去參觀，然後在從她的時代到現在似乎就沒變過的窄街上買些小飾品。然而在五十年前，半座城荒廢了，花崗岩門口寂靜無聲：沒有收音機的聲音，沒有孩童，只有寡婦和聖人的腳步聲。戴里貝斯童年的阿維拉並沒追循它中古時代傲然的足跡，這裡的市民就像奈姆、阿爾和盧卡的市民，[2]在黑暗時代離開了家，退居到羅馬城牆裡的環形劇場。「我在阿維拉，那多牆的老城，出生。」戴里貝斯小說裡的主人翁解釋，「我相信在我出生那一刻，這城市的寧靜和那幾近神秘的氛圍就深入我的靈魂了。」

可是我生在一個狂熱追求進步的世界，爲什麼卻會受到那醉人的腐朽所迷？我在薇爾文花園城（Welwyn Garden City）出生，那裡的第一塊磚是在1922年砌的。環繞阿維拉的是八十八座軍堡，薇爾文四週則是住家院子裡上過防腐油的籬笆、遊戲場和商業園區。赫特佛爾廈（Hertfordshire）是個多新城的地方：以我們居住的村子爲圓心半徑十五哩內，就有列曲沃斯（Letchworth）最早的花園城——和薇爾文，以及戰後的史迪芬尼治（Stevenage）、哈特園（Hatfield）和海茉家園（Hemel Hempstead）。要很多年後我才意識到我們的村子古老，但村民富裕、精力充沛而且非常健康，巷裡滿是閃亮的寶馬、孩童的腳踏車和身穿萊卡質料的慢跑者。

1 Miguel Delibes，現代西班牙小說家，1920年生，1993年得到崇高的塞萬提斯文學獎。譯註。
2 奈姆（Nimes）：法國東北城市。阿爾（Arles）：法國東南方的中古王國。盧卡（Lucca）：義大利中部城市。譯註。

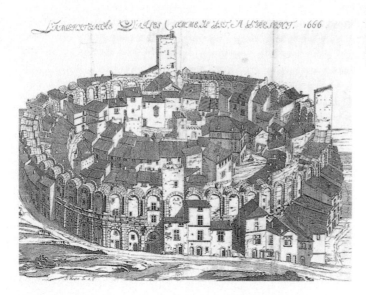

圖說：十七世紀阿勒斯環形劇場的素描。在無法無天的黑暗時代，市民拋棄家宅，改在羅馬的環形劇場裡生活。

我們的鄰居在城裡上班，從事保險業或電腦業。在這閃亮的藍色天際唯一的腐朽建築是一棟莊園宅第，克列佛敦（Cleverdon）的家。克列佛敦先生的車是村裡鏽得最厲害的。我年輕時總不明白為什麼他有輛破爛的富豪（Volvo），卻有三個兒子上伊頓公學[3]，有棟三十扇窗的屋子，毛衣卻有破洞。在我們的父母——和我們朋友的父母那一輩，富裕是以薪水和投資、健康保險、學費和退休金來衡量的，數目精確到就像城市的火車時刻表。克列佛敦家的富有方式，相對，就無法理解：像閣樓堆得滿滿的那種富有，像當克莉絲蒂[4]的人打電話來時，吹起餐具櫃上的灰塵就會生利息的那種富有。

　　克列佛敦家的園地形成了村子的邊界，那冷硬的石牆毫不在乎對面新家園嶄新如樂高積木房屋不以為然的目光。牆有些地方倒塌了，我們小孩爬到裡面去滑平底雪撬、爬樹或騷擾牛群。沒人趕我們。其實，除了偶爾看見那牧牛人，我們從沒在草地上、網球場上，或是溫室裡，見到過任何人。

3 Eton，英國貴族學校。譯註。
4 Christie，英國骨董拍賣公司。譯註。

屋子正面灰色的長百頁窗緊閉，屋裡唯一的生命跡象是——是我們有一次從山杜鵑間爬進去時——從敞開的前門看見大廳柚木板牆上閃耀的火光，和成排的鹿角。私闖克列佛敦的園子我有種無法解釋的安心，在那些破敗的花園亭子裡遠比我在朋友家的客廳裡都舒服，我在那磨損的網球場上踢足球比在公共運動場上踢要更開心。

我從沒進過那屋裡，也沒和任何人講過話。我不能假裝在那裡獲得了戲劇性的、改變終生的經驗，然而那記憶裡的吸引夠奇異，讓我二十年後又再回來。我很快就發現童年時的任性——像我在大門口時想到《鄉村生活》雜誌廣告所恐懼的——並非出於社會地位。我並無意累積財物。

正是聖誕前夕，村裡家家前面房間窗口都展示了聳立在禮物堆裡的聖誕樹。克列佛敦屋裡毫無節慶的光。一位朋友和我從倫敦來，在乳牛場我們孩子氣地用樹枝和石頭打破牛隻飲水槽裡的冰。網球場上的線還是沒有重漆，網子因發霉結霜而下墜。我們假裝比賽，踩過枯葉追打一隻想像中的網球，氣喘吁吁叫「啪」，因為——我想——朋友正在學電影，而且才剛看過安東尼奧尼的《春光乍洩》（*Blow-up*）。

那屋子仍舊沉寂。煙囪在冒煙，可是百頁窗關著；根本，很可能這過去二十年來他們就沒打開過。小時我們數過窗，還為裡面到底有多少間房爭執：橫算有十二扇窗，三層樓高，還有閣樓。裡面有十間、十五間還是二十間臥房？我們家有五間，可是沒有地下室或馬廄，沒有積灰或亂堆或秘密的地方。房子是新的，我們早就探尋過每一吋地板——床底，工具室裡機器的背後——以小孩子那種甲蟲似的極盡精密。

接著，那個聖誕節我又來了，到離屋不遠的地方找一道

橫跨河谷的古橋。我們曾在橋上演練過二次世界大戰的場面，拿樹枝做的機關槍啪-啪-啪衝過橋。冬季河床乾涸，不管是哪條跨過橋的路現在都埋在了牧草下。那磚造結構——我認出了，以專業建築歷史學家的後見之明——是十八世紀時為了裝飾而建的，用來承載馬車裡的客人遊園觀景。石欄杆雕成多利克式簷板的風格，有些破片滾進了底下的乾溝裡。鋪地的石塊給長草掩蓋了，結霜而平滑。天空是那樣明亮，我在橋拱上躺下。儘管冷，我感到無比快樂安詳。遠方馬路上的車聲托出了那可聞的寂靜。自從任何車輪滾過這道弧拱到現在一定很多年了。它那欠缺整修——鬆動的石塊、從裂縫間長出來的荊棘、茂盛的野草，就連乾涸的水道——都好像在溫和拒絕原先築橋的目的，否定那高聳的石拱前進的衝動。廢墟裡行進停止了，時間懸浮了。這殘橋是一個日日前進的旋轉世界裡靜止的圓心。在克里佛斯敦園地的牆外，是個每天朝更富有、更合適、更乾淨和可能更快樂的未來前進的世界。它那腐朽的懷抱是逃避郊區時鐘的避難所。

　　天漸漸黑了，我看得見天上史提芬尼治和薇爾文花園城馬路上的燈光。離開那屋子時，我領悟到鄉下許多在進步中擱淺了的地方具有物理的、磁鐵似的吸引力。想像一座自側門啟用後就鎖上了的鄉間屋大門：石柱上生滿了苔蘚而發綠，長春藤爬生在鍍金的鏽鐵欄上，馬車一度喀喇喀喇氣喘吁吁停下的庭院石磚間長了草。或者，可能房子已不在，鐵門當廢鐵賣了，石柱獨立在沒有路徑的原野上。我們有相當於古老水道的廢棄鐵路高架橋，它們泥濘的路徑上長滿了黑莓叢，維多利亞時代架設的磚拱門正如羅馬石造建築那樣傲然宏偉而無用。我也在老馬路上因補助道路啟用而關掉的加油站停留。生鏽的加油機精神屹屹站立，剝落的張貼叫喚特

別優惠，還有，在坑坑疤疤的柏油前院你聽得見山丘過去雙向路上車輛的吼聲。

1802年，威廉和陶樂絲·華茲華斯（Dorothy Wordsworth）在萊谷（Rye）健行，陶樂絲離徑去探尋十二世紀的瑞佛克斯修道院（abbey of Rievaulx）廢墟。她「朝下走去看廢墟——畫眉在唱歌，牛群在廢墟附近的綠色小丘上吃草。……我可以在這肅穆寧靜的地方一直待到天黑而毫不想動，可是威廉在等我，因此過十五分鐘我就走了。」腐朽建築立即的吸引在於她所描述的醉人靜穆。已經數不清多少次了，我在遠地的廢墟間流連直到天黑，然後整晚急切尋找小鎮的燈光。我曾在古巴一座糖業莊園領主宮殿的濕壁畫客廳裡滯留，然後騎車穿過甘蔗田趕在路徑全黑前回家；我曾錯過博斯博魯斯海峽的渡船，因為不忍離開小丘上的拜占庭城堡廢墟，從那裡可見下面油輪像蝸牛在黑海海面無聲爬行，在這可見兩座大陸的寬闊景致裡，唯一的聲音是一隻羊斷續的叫聲。我在國外若是寂寞了，就去尋訪廢墟。那趟橫跨土耳其的旅行後來連下了三天雨，我全身濕透十分悽慘，可是早上天晴了，我在尤洛莫斯既深又綠的山谷裡發現了一座廟。突來的春陽下，花朵在倒下的柱石間生長。一家土耳其人在那裡停下野餐，我和兩個少年在廟殿上踢足球。兩個男孩不會說半點英語，可是球從直槽的大理石柱到處亂彈，讓我們笑得喘不過氣來。

在麥里達（Merida），也就是羅馬在西班牙的首都，兩座軍建水道橫跨過瓜迪亞納河（River Guadiana）。其中一座仍然完好，還是有水流過。我們停下來，讚賞工程師的設計和雄偉的花崗石拱架，讀幾分鐘旅遊指南，然後再繼續。第二座水道倒臥在河流中間成了廢墟，白鸛在剝落的欄杆間築

巢。[5]完全沒先討論，我和朋友們就選了那地點打發下午。午睡時分唯一的聲音是蛙鳴，發自落石堵住水流處的蘆葦叢間。直到太陽在水道後面移動了，我們才起來。我若是焦慮或不開心了，就閉上眼睛，記起在廢墟、城堡、廟宇和城牆環抱中那些絕對安寧的時刻，便能讓我回歸到童年時的快樂，那夏季野了一整天後的昏昏欲睡之感。

　　我知道，這些例子並不夠。如果英國本國建築的表現看來微不足道，那麼就到羅馬去，走過從城牆到鄉野的亞必古道[6]。夾道是貴族市民的墳墓，頭兩三哩（三、四公里）你為馬車道的完整而興奮，因為輕易就能想見大軍行過這些石板的情景，隨他們快步行進的叮噹聲而調和自己的腳步。可是當石板間斷並為叢生的矮樹隱沒，中間生草的裂縫加大，你往前的熱切消失了。連昂然的里程碑都垂頭喪氣，刻鑿的數目字在青苔面紗下打呵欠。時間懸浮，或倒轉，或拭去了；很難說到底是哪個，可是在1846年，當黃昏降臨，對狄更斯來說，那時便是世界的終結：

> 一時我們循地面的一段老路；一時在覆蓋的草下找路，好似草裡是它的墳墓；然而一路都是廢墟。遠方，廢棄的水道循巨人的路線大踏步跨過平原…頂上只有不見形影的雲雀聲打破沉寂，牠們的巢在廢墟裡；還有兇惡的牧人，披了羊皮，從睡覺的洞裡時而瞪視我們，廢墟便是他們的家…那晚，我幾乎覺得太陽對那毀去的世界投下最後一瞥，永不再升起了。

　　去年夏天我在羅馬結了婚——安娜是羅馬人——婚禮後大家走上亞必古道。最後的一段路馬車沒法走，於是暮色裡，那些英國女子穿了高跟鞋走在古老石板間，看她們那跌

5 有關水道，參考 H. V. Morton，*The Waters of Rome*，1966。

6 Appian Way，古羅馬的第一條道路，在西元前312年時，在一位名叫艾皮斯‧克勞迪亞斯‧凱瑟斯（Appius Claudius Caecus）的督察官指揮下築成，從羅馬到義大利南部城鎮卡普阿（Capua）的軍用道路，後來延長到其他城鎮，全長超過三五〇哩。當年死刑犯便縛在十字架上，沿亞必古道兩旁示眾。譯註。

圖說：在亞必古道上、聖塞巴斯丁城門之後，有一幢龐大建築，由三個比連的大廳所組成，裡面有上千個壁龕，是用來安放骨灰甕的。這只是亞必古道上的兩側林立的墳墓之一。

絆嬌笑的樣子，真是有趣。派對在墳道上的一棟別墅裡，像許多農家一樣，戰後有錢的羅馬人買來改成豪華農場。現在住在那裡的居民就像兩千年前下葬的人一樣富裕，週日午餐時分路上塞滿了嶄新的賓士和愛快羅密歐轎車。過去五十年來，建築商蓋了一棟棟骯髒的水泥大樓給兩百萬新住家，義大利的這些subborghi相當於我們的城市內圍，帕索里尼[7]便在這種地方給人謀殺了，而費里尼也將電影《卡比莉亞之夜》（*Nights of Cabiria*）安排在這裡。搭機飛到費米奇諾（Fiumicino）機場，開車到羅馬路上，你的視線可以追隨費里奇水道（Acqua Felice）的圓拱大步走向高聳的公寓、高速公路和花園中心，它們代替宏偉古牆成了永恆之城的疆界。

直到二十世紀，坎帕尼亞大平原[8]都是一片憂鬱荒涼的海灘，圍繞這神聖島嶼。因為鬧瘧疾，直到1920年代墨索里尼將水排乾了，這帶村落才有人住。凱撒時代，黃色玉米田伸展到天際，可是哥德人毀掉水道，田地淹成了沼澤。十七、十八世紀時荒無人煙，除了牧羊人和畫家，以及短草上的一絲光彩。這些叢生的廢墟和牛群，經由尼克來‧柏肯恩、克勞地‧羅瑞恩和克洛（Corot）[9]的油畫而不朽。大環遊的旅客驅使馬車朝遠方聖彼得大教堂圓頂的亮光趕去。乾瘦的羊群在暗淡、野草蔓延的荒地上閒蕩，牧羊人的工寮以廢墟碎石拼湊而成；和英國鄉間整齊的樹籬、滾胖的羊群和溫暖的房舍十分不同。威廉‧貝克佛德是個例外，他把隊伍停了下來，以便在這荒野上沉思。一塊古老大理石簷板成了牧羊人工寮的門楣，他在楣底蹲下來，在沙地上畫字並呢喃「一首憂傷的歌…也許，死者從他們的斗室裡傾聽我。活人我能解釋；他們夠遠了。」[10]

7 Pasolini，義大利詩人、小說家、評論家、劇作家和電影導演，1975年死於謀殺。譯註。

8 Campagna，羅馬近郊平原。譯註。

9 尼克來‧柏肯恩（Nicolaes Berchem）：荷蘭畫家1620-1683，畫作常以義大利風景為主題，雖然他可能從沒到過義大利。克勞地‧羅瑞恩（Claude Lorraine）：法國風景畫家1600-1682，但大半生居住羅馬。生時畫作極為風行。克洛（Jean-Bapiste-Camille Corot）：法國寫實派畫家1796-1875，畫作常具幽深神秘之美。譯註。

寶琳・包芒特死後，夏特布里昂騎馬經過同一荒野，直到羅馬少女西西莉亞・瑪特拉（Cecilia Metella）的墓，那環狀鼓形建築是亞必古道上最壯觀的紀念碑。夏特布里昂給人的景象格外驚心，他描述羅馬和坎帕尼亞如何推翻了來自熱鬧繁華的北方遊客的憧憬：不僅死者的數目超過活人，而且「城裡墳墓的數目超過死人。我想像那些死人，一旦他們覺得大理石安息處太暖了，就滑進另一座仍然空的墳，正如病人從一張床移到另一張床。到晚上時，似乎聽得見身體經過，從一座棺材換到另一座棺材。」

　　有個早期美國遊客，他在1821年來到坎帕尼亞「悽慘沙漠」以前，從沒見過人類進步逆轉。里奧多爾・杜懷特[11]描寫了一個他的國人不可能相信竟會存在的景象：

> 和我們第一次見到的美國城市相比，這景象是多麼不同……不是讓人歡欣鼓舞，蠻荒在自由開明社會的進步下退卻的景象……我們在這裡見到的卻是那偉大城市的可憐遺跡——一度叱吒地球的帝國的搖籃兼墳墓——於今在週圍廣闊的荒野間凋蔽，縮陷到自身裡去，好似恐懼一個無形的摧毀者。

　　描述這種憂鬱景象，沒人能勝過年輕時的亨利・詹姆斯。他初來羅馬時還是個年輕人，在不同季節每天騎了馬到城牆外去。才幾個月以前他放眼所見都是「波斯頓郊區沒上漆的木籬笆」，貼滿了專利藥品的廣告。現在他目眩神迷：

> 〔一座水道〕站在繁花及膝的草地上，粗糙的石柱上掛了長春藤，就像節日時披上帷布的教堂圓柱。每座圓拱都是一幅畫，巨大的畫幅框起了遠景白雪山尖的薩賓（Sabine）和孤獨的蘇可里特（Socrate）。當春季來到，整片坎帕尼亞都是微笑搖曳的花朵；可是我認為最茂盛美麗的花生在搖動的

10　貝克佛德描述羅馬的片段，源自他的旅遊書《夢、清醒之思和偶發情事》（*Dreams, Waking Thoughts and Incidents*），這書在1779年出版，但很快他又將它壓下了；Robert Gemmett另編了一個版本（New Jersey，1971）。

11　Theodore Dwight，1803-1895，美國人，一生致力於反奴隸運動。晚年著書《美國奴隸現狀》，後來海瑞特・碧曲爾・斯托的《湯姆叔叔的小木屋》便是根據這書寫成。譯註。

水道陰影下，花朵掩蓋了石柱腳，覆住了六條蜿蜒
來去的溪流，好像一排巨人腳間的銀網…〔水道〕
似乎正是石柱獨立的孤獨之源；當你沿石柱的走向
退後，它們看來就像建築物的鬼魂，帶著同樣若有
若無的龐大形影，在野草沙漠上的淡淡霧氣中飄
浮，仿佛是由埃及的沙漠中升起。

這裡，在陽光下，詹姆斯以文字描繪他心目中克勞地或克洛

圖說：《西西莉亞·瑪特拉塚》，奧斯華·阿肯巴克（Oswald Achenbach）繪，19世紀後期。這座巨陵是亞必古道上最壯觀的建築。在西元前一世紀為紀念西西莉亞·瑪特拉而建。對浪漫文人，如夏特布里昂、拜倫和斯提爾夫人（Madame de Stael），這座少女墓正是沉思愛和死的地方。

的畫。可是，等那柔光暗去，坎帕尼亞回復了真相：森冷的死寂。詹姆斯加快腳步回家，但忍不住偷看沿路那些破敗兇惡的農家院子。無燈的窗子百頁窗簾緊閉；陰影處他瞧見一道生苔的樓梯，和拿古神龜鑿空而成的井蓋。一棟農家看來十分凶險，讓他懷疑在那「上栓的門和柵欄窗戶」後面有人自殺：

圖說：皮拉內西在
他的版畫中想像與
重構了亞必古道兩
側的貴族墳墓。

路邊每一關係風度、歷史的標示，鄉間每一關係羅馬的印記，都打動我，讓我震撼，我可能因此誇大了每件事的魅力。也許因為來自天知道有多深的古老憂患，這份魅力因而更加引人。喜歡有情廢墟各處也許看來是種無情的娛樂，而我承認，這種喜好露出了一點邪氣。

停駐在敗落正前，詹姆斯似乎對我們在沉思廢墟時感到樂趣的那種「邪氣」有所領悟。但讓人洩氣的是——也就是，讓我們洩氣的是——他沒有解釋就一踢後跟騎馬而去了。不過我們也知道，那在競技場上可以找到的答案，很可能在普通前院裡一樣容易就可以找到。

III

鬼屋

鬼屋

十五從軍征，八十始得歸。
道逢鄉里人，家中有阿誰？
遙望是君家，松柏塚累累。
兔從狗竇入，雉從梁上飛。
中庭生旅谷，井上生旅葵。
烹穀持作飯，采葵持作羹。
羹飯一時熟，不知貽阿誰。
出門東向望，淚落沾我衣。[1]

一名戰士出征歸來，一位村民告知他家中的景況。這首詩成
於西元前一世紀的中國。回到殘破家園的無奈，是文學裡極
古老常見的主題。[2]

在桑吉巴爾[3]，十九世紀時統治這島嶼的阿拉伯酋長們
的宮殿廢墟屹立在一片香料園間。貝特·伊·米唐尼（Betil
Mtoni）是塞吉德·薩伊德（Sejid Said）的鄉間女眷宅，女
人坐在蓮花池畔迎接他。芒果樹下，石水盆竟存留下來了，
支撐陽臺的泥柱也還在。這裡最有名的居民是酋長的女兒薩
美公主（Princess Salme），她和一位德國商人私奔了。跑到
漢堡，他在那裡讓電車撞死了。1885 年，在十九年清冷寒
酸的放逐後，茹特（Ruete）女士獲准回家待了珍貴的幾
天。在米唐尼，懷舊之情讓她崩潰了：

那景象真是驚心！原有的宮殿沒了，變成了一片急
速殘破的廢墟……浴池原是大家最喜歡消磨時間的
地方，總是熱熱鬧鬧的，沒有了屋頂……我站在那
裡，眼睛發熱看這一片荒廢，想起以前的快樂時
光，不禁無奈感嘆一切世事和人事……到處似乎都
是往日居民的身影，從傾危的屋頂、半懸的門和倒

1 這首詩出於東漢。作者引
用時略去頭四句，放在首
段裡說明。這裡我把原詩
那四句還原，因此是十六
句。譯註。
2 這首戰士歸來的詩出自亞
瑟·韋里（Arthur Waley）
所譯的《170 首中文詩》
（*170 Chinese Poems*）（倫
敦，1923）。韋里選的詩
裡有好幾首都以廢墟為題
材，他指出到了唐代
（618-905），重訪荒城或
舊宅已成一貫的文學手
法。
3 Zanzibar，非洲東岸島
嶼，盛產香料。譯註。

塌的樑下滑出來。他們的臉龐和身形越來越清晰。
我在他們中間走動，聽見他們熟悉的聲音。這幻象
不知持續了多久，可是當孩子們來拉我走時，我倏
然從那深切激動我的景象中回到了現實。

回到漢堡的壁爐邊，她寫自傳追憶自己的島嶼童年，那裡沒
有多天，她小時嬌生慣養，每天早上在女奴給她的腳揉擦香
料和油當中醒來。[4]

　　奧斯柏特‧蘭卡斯特（Osbert Lancaster）的自傳《一切
來自記憶》（*All Done from Memory*）（1963），從德國猛烈轟
炸倫敦大停電時開始：1900年代，他發現自己在北肯新敦
（North Kensington），那地方他小時住過，不過後來破落
了。空襲過後，街道上一片沉寂，誘他進一步探索。月光照
在殘敗的飛簷和門廊上，那些「宏大的灰泥宮殿」曾是「愛
德華時代禮儀的堡壘」，現在變成了貧民窟。他出神的想像
為一棟上下殘破但看來異常熟悉的房子打斷了。細看，他看
見這房子想必曾是

> 蓋給某維多利亞時代殷實中產階級住的；各層樓顯
> 然不調和的窗帘，一律廉價庸俗卻又有點不同，顯
> 示屋裡現在住了三家或四家人。我的目光不屑地掃
> 過這讓人喪氣的表面，看到簷板上壞了的欄杆、砍
> 過燒黑了的萊姆樹、原本乳色的門柱成了骯髒的棕
> 色，上面是擦去一半的79，最後，我的視線在震
> 驚中停駐在緊接花園牆的街名上——艾爾金月彎
> (Elgin Crescent)。這，我赫然發現，是我出生的地
> 方。

　　時與地的失落刺痛了蘭卡斯特，他不禁想到自己隸屬的
那個文化的盛衰：高尚但不合時宜的上流中產階級。他動手
寫自傳記錄一個無人在乎甚或消失了也沒人留意的社會階

4 桑吉巴爾和歐曼（Oman）
公主艾蜜莉‧茹特
（Emily Ruete)的回憶錄
《一位來自桑吉巴爾的阿
拉伯公主的回憶錄》
（*Memoirs of an Arabian
Princess from Zanzibar*）以
德文寫成；譯本不久前由
桑吉巴爾石鎮（Stone
Town）一家奇特有趣的藝
廊書店出版。

圖說：79號艾爾金月彎，倫敦，奧斯柏特·蘭卡斯特繪，用做《一切來自記憶》（1963）的標題頁插畫。

層。1942年時他才入中年，可是仿彿有許多世紀將眼前的房屋外表和一整個階層隔開了：那個在高大窗後蠟光的地板上跳舞，以及馬車在瓦斯燈光白亮的前門口等候接客的階層。這些房子的情形反映了這不變、分裂的現代世界，它們深淺各異的廉價窗帘顯示了「維也納教授和印度學生和妓女」。愛德華城堡是個護衛「來自一度文明的世界裡的各地難民，像黑暗時代躲在環形競技場的迴廊和包廂裡的隱士。」

在小說裡，就回到破屋這主題表現得最含蓄的，是約翰·奇佛[5]的短篇小說〈泳者〉（*The Swimmer*），背景是紐約一個富裕郊區。這十頁長的故事是篇微縮的傑作，擴張而成畢蘭卡斯特（Burt Lancaster）主演的撼人電影。主人翁奈德·麥瑞爾（Ned Merrill）是1960年代美國上流中產階級憧憬的化身，故事由某夏中旬週日午餐，他在威斯特何吉（Westerhazy）的游泳池邊以高腳酒杯喝酒時開始。「欸，是奈德！真高興見到你！露辛妲（Lucinda）好嗎？那些漂亮的女孩子呢？照樣開了捷豹到處跑？你怎麼從不回我們的邀請呢？留下來午餐吧。」聽到說郝列特（Howlett）家裝了游泳池，他發現從這裡一直到他八哩外的家，每家花園裡都有游泳池。他心裡突然現出了一個景象，透過矇矓多樹的谷地，一串寶藍色的游泳池閃閃發光，他打定主意游回家。當奈德跳進威斯特何吉的游泳池時是個英雄——「奈德，你還是我們當中體能最棒的！」——等他穿著藍色游泳褲大步跨過草坪離開時，光是他那大學運動員肩膀的體型就展示了成功的份量。在接下來的每一座游泳池，假象一點一點掉落了。從奈德鄰居斜視的目光，我們知道露辛妲走了，帶著女孩子們，以及奈德破產了。威爾徹爾（Welcher）那裡游泳

5 John Cheever，1912-1981，美國近代小說家，擅長描寫郊區中等人家哀樂，有「郊區契訶夫之稱」，曾獲美國國家書卷獎和普立茲文學獎。譯註。

池空著，陽臺椅疊起收走了，浴室鎖了。他發現屋前有一面出售的牌子。然而不就是上星期他才和露辛姐在那裡午餐的嗎？「是他的記憶不行了，還是他太會壓抑不快的事實，以致完全損害了他對真實的感受？」

他跛腳走上自家車道，肩膀垮下，午後漸晚的陰寒讓他打顫。他筋疲力盡，幾乎無力推開花園門。他注意到自己的手染紅了：來自華麗鐵欄的紅鏽。這份震撼讓奈德從幻覺中驚醒。草坪上草長得過高，柏油網球場上的洞裡積了雨水，以及──難以解釋地，忽然是秋天了──葉子在石子車道上腐爛。這是現實。屋子黝暗，透過裂縫的玻璃窗他看見客廳裡沒有傢具，吧檯空空的。前門上了掛鎖，然後我們任奈德穿著游泳褲蹲在門口，承受那雷雨的夜晚。

很快便會有小孩子推開門踮腳走近窗子，悄聲談論原本住在這裡的麥瑞爾先生不幸的下場。那房子成了一棟我們都認得出的東西：因為那些我們十分熟悉之處腐朽了而感到害怕。小時，我們以為大門應當上鎖、草坪應當修剪、大門的燈應當明亮、地板應當打蠟而窗戶應當乾淨完整。麥瑞爾的房子變成了哈坡·李（Harper Lee）《梅崗城故事》[6]裡卜·雷德里（Boo Radley）的家，腐爛的陽臺在那瘋人的影子下吱吱作響，而歪歪倒倒的籬笆護持一片長了「約翰草和兔子煙草」的廢園。

那廢園也正是哈薇珊小姐（Miss Havisham）的屋子。《厚望》（*Great Expectations*）裡，在那個即將改變他一生的日子，皮普（Pip）站在生銹的大門口。那棟屋子是「老磚蓋的，暗淡並有許多鐵欄...有些窗堵起來了，殘留下來的，低些的豎了銹鐵欄...那裡的冷風似乎比大門外吹的更冷。」大衛·連（David Lean）在他1948年的電影裡，最忠實捕捉

6 To Kill a Mockingbird，美國作家哈坡·李1960年的長篇小說，描述南方種族歧視，獲得次年普利茲文學獎，是李唯一的長篇作品，後來並改編拍成同名電影，由葛雷哥萊·畢克主演。譯註。

到了那景象。狄更斯根據的是一棟漂亮的喬治式屋宅，它還立在羅徹斯特（Rochester）的高街（High Street）上，也就是在那裡，喜劇演員羅德・赫爾（Rod Hull）花掉了他從伊姆（Emu）短劇賺來的財富以重建大衛・連電影裡的場景。

是艾思特拉（Estella）給皮普開的門，然而薩提斯（Satis）不是爬滿了長春藤的睡美人宮殿。庭院裡雪不融，花園裡「滿是甘藍菜莖和黃楊樹」。壁爐裡火劈啪響，房裡煙氣瀰漫像支流上的霧。破損或腐爛的物件述說許多年前哈薇珊小姐遭到未婚夫遺棄的故事：鐘停在差二十分九點，單隻黃色絲拖鞋，爬滿了蜘蛛的結婚蛋糕。而她的養女艾思特拉就和薩提斯一樣枯寂；她向皮普保證，她沒有心，沒有感情悸動。

皮普到倫敦去做紳士後經常回薩提斯。他的故事說的是人永遠沒法涉足同一廢墟兩次。有一次他發現艾思特拉長成了一個美麗的女人，當他們「在殘敗的花園裡散步時...那美貌全是為我而盛開。若牆縫裡綠色和黃色的野草是向來最珍貴的花朵，我在記憶裡對它們無比珍惜。」其次，他在薩提斯看見了自己的毀滅。當他得知資助那鐵匠小孩成為紳士的不是哈薇珊小姐而是罪犯麥格威曲（Magwitch）時，皮普意識到為了追逐他自私的夢想，他已背離了誠實喬的教導。下一次再去時，他聽艾思特拉唸一串受她冷淡而氣餒的追求者名單，明白了她被哈薇珊小姐塑造成了對異性復仇的工具。看見她為火光在牆上投下的駝背邪惡的影子，皮普見到了自己的墮落：

> 我的意念進入那廣大的房間越過安放桌子的平臺，
> 我看見了，寫得清清楚楚，在桌子中央擺設垂下的
> 蛛網上，在桌布上爬行的蜘蛛上，在木板後老鼠致

力活動的路線上，在地板上摸摸停停的甲蟲上。

最後一次去薩提斯，他已是個改頭換面的人了。十一年來，他在殖民地做辦事員，犧牲了自己的前途以解救朋友。薩提斯已經拆了，板牆上的廣告說將蓋新屋。小說結尾，在霧氣濛濛的暮色中，皮普走過地基，在記憶裡重建那些廳堂和走道。艾思特拉到來打斷了他。她也回來了，既然她那上流出身的粗暴丈夫已死；他敗掉了她的財富，但她一直到最後才賣房子。可是艾思特拉領略到了有顆脆弱的心的滋味，她和皮普以朋友身份分手。在毀滅當中，生命重新開始。「有的老長春藤生了新根，在安靜低矮的廢墟上長出綠葉。」

在狄更斯筆下，建築是人類精神的物質表現，因此哈薇珊小姐的悲哀和枯寂結成了磚和石。在愛倫坡的短篇〈厄舍屋倒塌〉（*The Fall of the House of Usher*）裡，建築和居民間的比照更加明顯。對當地農人來說，城堡就相當於家族，可是那敘述者發現，石頭比人更富有生命。他騎馬經過一片樹木零星殘敗發白的景觀，來拜訪老同學羅德瑞克・厄舍（Roderick Usher）一陣子。在一座水色黝黑惡臭如柏油而又散發鉛色霧氣的湖邊，立著古老的哥德式城堡。從水道看去，那建築似仍完整，可是細看下「像遺忘在地窖多年，不受外來空氣干擾，看來完好但卻腐爛的木器」。石上鋪滿了無根的黴菌，好像是那活躍的邪惡空氣凝結而成。

羅德瑞克・厄舍已多年沒有外出，並逐漸中了那古屋的邪：「那灰牆和角樓的形體，以及它們下望的陰暗小湖，最後終於影響到他的心情。」許多世紀來，城堡的氣氛「塑造了他家的命運，並…把他變成我現在所見的他──以前的他。」他虛弱、神經質而且形容枯槁，城堡地窖傳來的聲音

讓他惶惶不安。羅德瑞克把妹妹麥德琳（Madeline）埋在地窖深處，可是她由凍結的昏迷中醒來了，她的指甲刮鐵墓頂的聲音好似穿過碎紙般穿過石牆。那噪音在他那發熱的耳裡越來越響，直到他那面色猙獰慘白的妹妹破牆而入，然後兩個厄舍在致命相擁中雙雙消逝。

當敘述者由堤道倉皇逃離時，黑水裡突然現出燦爛光華。血紅月光透過城堡牆的裂縫照進來，裂縫越來越寬直到建築裂成了兩半，「我腳下深黑的湖森然封閉，掩蓋了厄舍屋的殘餘」。

愛倫坡以城堡來比喻厄舍家庭的手法極為明顯，A.E.豪斯曼[7]指出那建築門窗代表了羅德瑞克的口眼，但尖酸提出，那由城堡蔓草叢生的眉頭如霧氣升起的「帶翅的氣味」或者「和髮油無關」。然而，愛倫坡解釋，在更深層次，他試圖「暗示一個受鬼魅纏擾的心靈，一個混亂的腦袋」。D.H.勞倫斯在1923年寫，愛倫坡看出了厄舍深處的精神病態，讓他成為「一個深入人類靈魂深處的貯藏庫、地窖和可怕走道的探險家」。在他看來，坡暴露「他自己心靈分裂的過程」預示了二十世紀人類的精神病，比認為考古學正類似精神分析的佛洛伊德還早。「石頭會說話。」佛洛伊德說，每一部份都必須揭露出來，當做更大意義的部份證據來研究分析。1903年，威罕姆·簡森的長篇小說《葛洛蒂娃》[8]，記述一個發生在龐貝的浪漫故事，佛洛伊德在探討這作品時寫：「原本的龐貝城走樣了，但不是個活城；現在它看來就像凍結在死亡中的化石。然而隱約給人死亡開口說話之感。」

就深層精神症狀的描述，愛倫坡是現代先知，只不過——寒酸、骯髒又懷抱惡意，散發酒精和受挫的臭氣——不是

7 Alfred Edward Housman，1859-1936，英國著名詩人和學者，詩作影響後世甚深。譯註。

8 Wilhelm Jensen，德國作家，他的長篇小說《葛洛蒂娃》（Gradiva）是佛洛伊德分析的第一篇文學作品。譯註。

個有身份的人樂於支持的先知。一個世紀前，賀瑞斯·吳爾坡[9]藉《奧傳托城堡》（*Castle of Otranto*）開啓了恐怖文學[10]，愛倫坡的〈厄舍屋倒塌〉便是繼其後極端的表現。是作家讓建築師理解到，中古廢墟的地窖、高塔和陰影，觸及了對古典廢墟無動於衷的靈魂深處。姑不論這類文學和它的表現手法，愛倫坡對描寫建築的生動仍是個謎。他和養父母在1815年到達倫敦，那時他六歲，一直住到十歲。在這段時期，他們到過蘇格蘭、迪封（Devon）和葛勞斯特廈（Gloucestershire）。沒人知道他們到過哪家修道院或城堡，但引人猜測。

這類廢墟對小孩子影響深遠，而便是在這樣一座中古修道院廢墟裡，最後一任拜倫公爵度過了一段可能出自愛倫坡想像的童年[11]。紐斯特德（Newstead）修道院靠近諾丁罕（Nottingham），是英格蘭的厄舍屋。1811年聖誕期間，一位叫威廉·哈內斯（William Harness）的青年騎馬經過一座廣大沉滯的湖，朝一棟房屋前去，要去和拜倫重溫十年前在哈羅學校建立的友誼。「正是冬天，」他回憶，「天氣陰沉——地上積了雪；那修道院是個荒涼、幽暗、陰鬱、局部住了人的地方。」倫敦盛傳拜倫的狂歡宴，哈內斯報導時可能有點失望，「沒有比我們的日子更安靜更正常的了」。

十三世紀，當亨利八世解散修道院時，約翰·拜倫爵士買下了那座修道院，改成住家。那僧侶的教堂只剩下了入口正面尖銳的側影，是個「打呵欠的拱門」，破碎的花飾像裂開的牙。第五任公爵，「邪惡的拜倫公爵」，任性揮霍敗光了家產，像在湖上建「愚蠢」城堡，然後任由宅裡的男孩組成的玩具海軍進行轟炸。根據地方傳說，他晚年單獨和一名女僕和他養的蟋蟀住在修道院中唯一乾燥的房間，廚房裡。

9 Horace Walpole，1717-1797，英國作家和歷史學家。譯註。

10 Gothic literature，又有譯作哥德式文學或驚悚文學。譯註。

11 有關拜倫在紐斯特德的研究，除了萊斯里·馬忱德（Leslie Marchand）在1971年的標準傳記外，還有海蒂·傑克森（Haidee Jackson）爲紐斯特德修道院1998年的《廢墟完美》（*Ruinous Perfection*）展覽所編的目錄。

他一報銷那些蟋蟀立刻就長驅而去了。第五任公爵的屍體擺了一個月，因爲沒錢雇殯葬者。

因爲一位任職海軍的堂兄忽然死了，拜倫才意外成了他曾舅舅的產業繼承人。那時他十歲，是個健壯但畸腳的孩子，和母親住在亞伯丁（Alberdeen）一棟附帶傢具的公寓裡，他那放蕩父親——「瘋傑克」拜倫——原先把他們丟在巴黎等死。他們等了好幾個月才湊足南下的馬車費。然紐斯特德雖大，卻不是他們想像中的華宅。兩哩長的車道兩旁的柚樹已被砍光，以便支付食品商的賬單，屋裡成梱的乾草堆在大廳，牛群住在走道上。寒冷逼得拜倫他們將屋子租給佃農，搬到倫敦公寓去。他在哈羅上學時，假期都在拜倫家產業上的一棟小屋裡渡過，那時是租給葛雷‧德‧如森(Lord Grey de Ruthyn)公爵。兩名貴族都熱愛射擊，成了分不開的朋友，他們不顧產業經理的抱怨，讓園地荒廢以便給野兔和稚雞更好的藏身處。可是在1804年——拜倫才十五歲——他受到葛雷性侵犯，逃離了紐斯特德。

拜倫一直到二十一歲才住進修道院，那時他已是劍橋大學三一學院裡的學生，風采迷人而且才氣煥發。然而，除非

先理解他在紐斯特德的那些年，我們沒法理解他的憂鬱和內向——或是自大和矯情——這些和他在詩上的創造力不可分。他是個寂寞的小孩，一個人跛腳在野林裡來來去去，或和愛犬在泥濘的湖裡游泳，在廢墟的迴廊裡探險，夢想埋在那裡的僧侶和他那些惡名昭彰的祖先。不過當一位修道院房客讓壁爐失火蔓延時，他是住在小屋裡。繼承遺產的驕傲混雜了對家庭破敗的自覺和恐懼——以他自己的話——他是「敗壞家族命脈的那一個」。十八歲時他寫：

> 紐斯特德！汝變樣的景象多可悲！
> 呵欠的拱門陷入緩慢的腐朽；
> 一支高貴家族最後也最年輕的一人，
> 現在掌握了汝殘敗的塔樓。

　　葛雷的租約到期時，拜倫負債累累。他回到紐斯特德，打算把它賣掉。然而，他愛上了那房子，重新以華麗的椅套和傢具裝潢了一間套房。五年後，雨水從屋頂直洩而下，可是拜倫無錢也無意整修那建築的基本結構。唯一請人建的是一座給他的狗柏斯韋恩（Boatswain）的紀念碑，設在修道院教堂的高壇上，以及在迴廊裡的一座深池。這「陰冷如地窖的洞，想必需要相當勇氣才能跳進去」，霍桑到修道院朝聖時這樣寫。那裡現在成了幽暗的地窖，然當管理人打開那柚木都德式（Tudor）的門時，愁慘中仍迴盪著拜倫狂放的笑聲。

　　1809 年夏，他一些朋友從劍橋來訪，加入原已住在修道院裡的狼和熊玩「紐斯特德的快樂僧侶」遊戲。早餐從沒早於中午，查爾斯·斯金納·馬修斯（Charles Skinner Matthews）回憶，下午都花在「在大房間裡閱讀、擊劍、鬥

木劍或打羽毛球上——在大廳裡練習打手槍——散步、騎馬、玩板球——在湖上划船——和熊玩或捉弄狼。七八點間晚餐，之後我們的夜晚一直持續到清晨一點、兩點或三點。」晚餐時他們穿上從劇團租來的僧袍，輪流以一隻僧侶的頭蓋骨喝紅酒，「由那裡，不似活人頭／流的從不乏味」。那頭蓋骨是在花園裡掘出來的，並由諾丁罕一位珠寶匠打磨光亮後安上銀底座。

> 僧侶圓頂！墮於如此邪用！
> 那迷信一度盤據的巢穴
> 而今人知芭菲恩[12]女郎在其間歌唱與微笑。

拜倫的《查爾德‧哈洛德》[13]主角繼承了一棟古老修道院，開篇這幾行讓人以為夏季謠傳的那些是真有其事。事實比較直接了當：沒有縱慾狂歡，只有灌風的廳房裡吵鬧的羽毛球、射擊手槍、動物叫聲和友善的笑聲。

　　兩個夏季後，拜倫從倫敦的玩樂回來安葬母親。他沒法勉強自己追隨送葬的隊伍，只能停在門口。等她的棺材在視線消失，拜倫召一名僕人到大廳來打拳：他一生總以激烈的體力活動來對抗憂鬱，就像在斯匹亞海灣（Bay of Spezia）海灘的雪萊葬禮上，他遠遠游到海裡去。他母親死後幾天，聰明又愛惡作劇的馬修斯在坎姆河（River Cam）裡淹死了。那個夏季還有第三件意外死訊：克里斯多佛‧艾德斯敦（Christopher Edleston），他大學時代迷戀的聖詩班男生。紐斯特德永遠沒法再像1809年夏天是那樣充滿歡笑了。廢墟的意義變了：

> 當明澈的月光照在我陛下的圓頂下
> 穿過寂靜與陰影越過彫蔽的牆……

12 Paphian，塞浦路斯島上芭菲斯（Paphius）居民，該地為信奉愛神的中心。芭菲恩又可指妓女。譯註。

13 Childe Harold，拜倫因此成名的旅遊長詩，主角哈洛德代表了貴族，也代表厭倦生活因而寄情旅遊的自我流放者。拜倫對古城如羅馬、威尼斯等的描述，深深打動讀者。譯註。

以及回響在灰色石地板上的腳步聲
倏然低沉了，因為只是我自己的。

　　多年後，一位朋友問拜倫怎麼受得了在冷落的冬季留在威尼
斯。「很久以來我就熟知廢墟，不可能討厭荒涼了。」這時
拜倫已經在1816年賣掉了紐斯特德，永遠離開了英格蘭。
他始終掙扎守住這古老家產，直到龐大的債務迫使他賣掉。

　　拜倫第一次見到古典廢墟，是在1808年，他和約翰‧
坎姆‧霍布豪斯（John Cam Hobhouse）週遊歐洲到希臘和
伊斯坦堡時。然而，他對大自然的興趣勝過大理石拼圖，在
霍布豪斯研究墓誌銘時，他爬上了帕納塞斯[14]高處：

> 從童年時起它們就一直在我夢裡盤桓；那些松鼠、
> 老鷹、禿鷹和貓頭鷹，正是狄米斯托克利[15]和亞歷
> 山大所見到那些的後代，而且不像人類那樣墮落
> 了；那些石頭和激流也都一樣。約翰‧坎姆那樣不
> 懈追求嗜好值得羨慕；我沒有嗜好，也沒有毅力。
> 我凝視星辰沉思；不做筆記，不提問題。

在艾非索斯[16]，霍布豪斯繼續他的研究，可是當拜倫站在陡
峭的綠坡上和海間的廢墟裡時，他警覺到一種比墓誌銘所說
更深沉的回響。他吸收了那哀傷，當「狐狼戲劇性的嗥叫…
是種交織和悲哀的聲音，在遠方哀嗥」。他對心靈上的悲涼
特別敏感。

　　等他回到倫敦，《柴爾德‧哈洛德》出版讓他一舉成
名，從此那個吵鬧脆弱的男孩不見了，讓社會的愛慕席捲而
去。最後幾年他是個難以捉摸的人，因無奈、色慾和阿諛而
孤絕，厭倦到在威尼斯時，有人捉到他爬上一個女孩的陽
臺，他說，他才不在意她父親讓他給槍斃了，還是逼他結

14 Parnassus，希臘的名山，
　多神廟。有兩座山頂，
　一座獻給太陽神阿波羅
　和繆斯女神，另一座獻
　給酒神戴奧尼索斯。德
　爾斐神廟在南坡上。譯
　註。
15 Themistocles，西元前
　514-449，雅典著名軍事
　政治家。譯註。
16 Ephesus，希臘古城，在
　土耳其。

婚。

要了解拜倫我們總要回到紐斯特德。「如果我是個詩
人，那是希臘空氣的緣故。」據說他這樣說過。不，不是溫
暖的南方讓拜倫成爲詩人，而是一座英國修道院廢墟裡的陰
濕霧氣。他的天才在古老朽物的潮濕陰影中發芽。

IV

沒傘遊艾非索斯

沒傘遊艾非索斯

多虧下雨，艾非索斯廢墟裡僅有我一名遊客，躲在一蓬無花果葉下避雨。正是三月，植物還沒修剪。在聖保羅傳過教的環形劇場裡，茴香稈冒過了人頭，遊客步徑外草長過腰，腳下滾倒的石柱像圓木一樣滑。

希臘在艾非索斯的殖民地在好幾世紀前就亡了，因為米安德爾斯河（River Miander）轉道而逐漸阻塞的緣故：那河的流向曲折，港口裡又塞滿了泥巴。通向海的道路現在沉入了沼澤中，但還是可能想像那情景：路燈照亮了路，艾非索斯人漫步到碼頭去看三層槳座戰船上的水手卸貨，並打聽遠岸的消息。我到時天色已暗，等雨勢小了，一位牧羊人領了羊群穿過陡峭的山坡，羊群鈴聲在漸暗的廢墟間迴響。最後，兩名值班兵士發現了我，我們跨過大理石步道上的水窪時，他們客氣地和我共用一把傘。那晚在旅館裡我注意到有張海報，圖上顯示在旅遊旺季時，神聖道（the Sacred Way）上像商場一樣擠滿了鮮艷的遊客，卻沒草木以緩和大理石的刺目。「土耳其：露天美術館」，說明上這樣寫。可是，並非如此：廢墟不是露天美術館。

拜倫的朋友柏爾西・比許・雪萊[1]把廢墟放在他個人哲學和政治哲學的中心。1818年，他和家人經過羅馬時，最感到驚奇的是城牆裡大自然的生機。次年春，他們回到羅馬來住，每早他從在科索大道（Via del Corso）的旅社穿過議場和大賽馬場[2]快步二十分鐘，經過平野上的繁花、葡萄園和野草覆蓋的古陶器圓堆，到卡瑞卡拉[3]浴場去。口袋裡塞滿了筆、墨水瓶，和一本黑牛皮的小筆記本。對雪萊，露天做筆記可不是裝模作樣，他的筆記本（現於Bodleian圖書館）

1 Percy Bysshe Shelley，1792-1822，英國浪漫派詩人，出身貴族，追求公正和自由，反對教會束縛，四處流浪。大半生住在日內瓦，最後在泛舟時因雷雨翻船而溺死。著有詩篇〈雲〉、〈西風頌〉、〈雲雀歌〉及詩劇〈普羅米修斯獲釋記〉等。譯註。

2 Circus Maximus，建於西元前六世紀，主要做馬車競賽之用，偶爾也用做狩獵或戰爭遊戲場。原主要為木造，經兩次火災後以石材重建。譯註。

3 Caracalla，211-217，羅馬皇帝謀殺親弟以獨霸帝位，在位短暫，然改革立法，給予所有羅馬境內的自由民公民權，影響深遠。最後因軍隊謀反被弒。譯註。

圖說：卡瑞卡拉浴場於西元207年開始建造，其中包括健身房、運動場、畫廊、遊樂場，是古羅馬最宏偉的浴場。可以容納一千五百名沐浴者。

記了《普羅米修斯獲釋記》[4]（*Prometheus Unbound*）草稿裡最偉大的段落。正如他在序言裡所寫[5]：

> 這詩主要成於卡瑞卡拉浴場的山中廢墟間，在繁花遍佈的林間空地上，在滿樹芬芳花朵的濃密枝葉間，那些開滿花的樹在寬闊的平臺上蜿蜒伸展有如迷宮，以及，在眩人的懸浮拱門間。羅馬艷藍的天空，春天在佳氣中蓬勃甦醒的感召，以及沁人心神到幾近醉人的新生活，激發了這戲劇的靈感。

這座浴場為卡瑞卡拉帝在西元217年所建，是古羅馬最宏偉的浴場。一千五百名沐浴者聚集在一連串環繞游泳池的圓頂大廳裡。很難描寫這些拱門的宏大規模。紐約賓州火車站中央大廳，便是根據這中央游泳池所建。1724年，《羅馬廢墟》作者約翰‧戴爾（John Dyer）到這裡遊歷，告訴弟弟「那些房間似乎極大，而比起在裡面鼠高的樹木也顯得格外高貴。那些樹木儘管相當高大，看來不過像草叢」。牆壁是閃亮的大理石──現在已經拆掉露出磚來──並以類似法尼斯‧赫克里斯（Farnes Hercules）的巨像裝飾。赫克里斯的上身是在卡瑞卡拉浴場發現的，頭在特瑞斯特維爾（Trastevere）一座井底，腿卻在羅馬南邊十哩（十六公里）

圖說：寧法。中古地圖，顯示老城由城牆環繞，以及河流和泉水。

4 普羅米修斯：希臘神，因盜火給人類而觸怒主神宙斯。宙斯將他鏈在山上，放老鷹啄他的肝，許久以後才釋放他。譯註。

5 理查‧侯姆斯研究卡瑞卡拉浴場和《普羅米修斯獲釋記》處，源自《雪萊：追求者》(1974)，頁489-509。

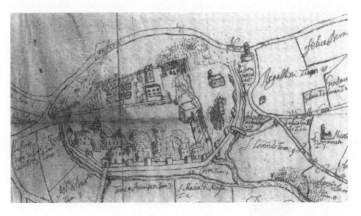

外的一個村裡。西元六世紀水道破裂後，這浴場便沒落了。因為和羅馬中心有點距離，在雪萊時代，它一直是個廢棄荒涼的地方。

　　里查‧侯姆斯[6]認為《普羅米修斯獲釋記》是雪萊四大傑作之一，他的評傳《雪萊：追求者》（Shelley: The Pursuit）融合廢墟和作家的想像，極盡高明。「因此讓人自由」，是戲劇的主旨。雪萊將艾克斯勒斯（Aeschylus）[7]的故事倒轉，結果喬夫（Jove）變成了暴君而普羅米修斯是英雄，帶給人類自由和愛，以及語言、科學、城市和音樂的能力。他被喬夫鏈在大石邊，在喬夫的專制統治下人類和大自然在疾病和貧困中奄奄一息。普羅米修斯被釋後，地球復甦了。經由苦難而得到了希望。

　　雪萊到羅馬的那個春季，也正是他傷心的時候，歐洲的

6 Richard Holmes，當代英國傑出傳記作家，著有《雪萊：追求者》和《柯立芝傳》等。譯註。

7 希臘悲劇作家，西元前525-456。譯註。

情況和他自己生活上的挫折都讓他情緒低落。在祖國，正是彼得盧大屠殺（Peterloo massacre）[8]之年，他自己也因無神論、激烈的政治觀和私奔而受到社會排斥和家庭棄絕。他與瑪莉‧歌德溫（Mary Godwin）和她的同父異母姊姊克萊爾‧克萊爾蒙特（Claire Claremont）一起遊歷法國，看見一個因漫長戰爭和君王復位而匱乏的國家。在義大利，由於多世紀以來的迷信和獨裁，人民只能生活在可憎的貧困之中。滑鐵盧戰役後，威尼斯共和國為哈斯堡王朝（Hapsburgs）接收了。羅馬由教皇統治。如果他繼續往南，是那不勒斯（Naples）和西西里的波旁王朝（The Bourbon Kingdoms）。往東呢，是奧圖曼（Ottoman）帝國的專制君主。無處可去。整個歐洲都在專制的鎖鏈下。

是在羅馬的廢墟裡，雪萊找到了未來的希望——特別是，在卡瑞卡拉浴場勃生的花朵和樹木間。那些鞏固的牆代表了專制的力量：卡瑞卡拉的力量、波旁的力量、哈斯堡和英國「年老、瘋狂、失明、可鄙和垂死的」喬治王三世。然而當無花果、桃金孃和桂樹的根鬆動了石塊，那些最殘酷的帝王所豎立的建築逐漸剝落倒塌了。它們旺盛頑野的生機預示了大自然——肥沃、民主又自由的大自然——勢必勝利。

這發現帶著頓悟的狂喜，那個春天在廢墟裡，雪萊重又獲得了導引他短暫熾烈生命的軌道。大自然似乎在摧毀專制時美到了極致，正如釋放普羅米修斯恢復了地球的純粹生機：

8 發生於1819年8月16日，五千民眾在曼徹斯特的聖彼得場，聽亨利‧杭特發表要求議會改革的演說。群眾雖和平，但當地政府出兵鎮壓，混亂中導致十一人死亡，大約四百人受傷。譯註。

> 它的氣息這時升起，有如在高大野草間
> 一株紫羅蘭吐氣，將環繞的岩石和樹林充滿了
> 更寧靜的光芒和絳紅的空氣
> 激烈卻又柔和；

圖說：卡瑞卡拉浴場的廢墟畫。

> 它滋養如蛇的藤蔓怒長，
> 與糾結亂纏的深色長春藤，
> 與發芽、受風吹落或香氣消褪的花朵
> 它們以點點彩光指引風向，
> 當風吹過，鮮明的圓金
> 水果，懸在自己的綠色天堂裡……

雪萊所見的天堂，是從他在給朋友湯瑪斯・樂夫・皮考克（Thomas Love Peacock）信裡所描述的直接經驗提煉出來的：

> 沒有什麼荒涼比這更莊嚴美好了。廢墟的直牆劈成
> 了深溝，生滿花朵和樹叢，盤錯的根在石縫中扭曲
> 成節……桃金孃、月桂樹和開花的繡球花亂纏……
> 還有野生無花果和上千種因風播種的不知名植物，
> （形成了）一種類似羊徑交錯的山坡景致。

廢墟成了大自然的作品，而不是人的，他想起了兩年前在馬

婁（Marlow）的夏天，他們和朋友霍格（Hogg）爬上了泰晤士河上多樹的白堊質高崖：

> 那直壁就像碧山姆（Bisham）林那座樹木濃密的懸崖，不過卻是石壁，而且陡峭──你知道我說的地方──不是白堊坑，而是那底部雜生了漂亮棕樹和水蠟樹叢的地方，我和霍格爬了上去而你──讓我大為不滿──卻回家了。

你在遊卡瑞卡拉浴場前先讀那親切、稚氣的信，我不信你不會為現在的庸俗景象而感傷──然後憤怒。「直到1870年，這浴場是世上數一數二的美景。」奧古斯都‧何爾寫，可是「現在勉強比倫敦倉庫的廢墟好看一點。」遊客走在金屬路障間的柏油道上，經過鋼鐵柵欄，穿過鷹架下的拱門，再加上壕溝和四下戴頭盔的工人，這座廢墟看來就像塊現代工地。步道終點是座鐵架和請勿進入的牌子。再往前是沐浴人的更衣室，雪萊就是在那裡看見了羅馬紅土溶去，露出鑲嵌的抽象海浪圖案。那鑲嵌畫（mosaic）[9]保存了下來──因而有鐵架──只不過不管再怎麼奮力洗刷，那鑲嵌磚片的色澤再也不會那樣鮮明了。

　　在我旁邊，一個美國家庭正聆聽導遊背誦一串年代、尺寸和社會歷史。他們深感興趣，也很盡責，但他們能想見這磚塊暴露的大廳還是座芳香莽林時的情景嗎？我洩氣走離步道，在一截大理石上面對太陽坐下。一名守衛吹哨提醒一位考古學家，他正監督工人拔除一株不知好歹長在圍牆邊的小無花果樹。從他們的表情看來，我腳下的短草就像壁畫那麼寶貴。其實，我想告訴他們雪萊的事，告訴他們碧山姆林，和「枝條高聳的樂園／由俯視的花朵照明」。我想告訴他們一座廢墟有兩種價值。客觀價值在它是個磚和石的集合體，

9 鑲嵌畫又有音譯作馬賽克。這裡譯作鑲嵌畫，因它除了傳達出手法外，還表現了形貌。譯註。

主觀價值在它是藝術家的靈感之源。你可以拔掉那棵赤楊樹，派人監督，豎立更多柵欄，噴灑更多除草劑，挖掘和打磨。你可以保留每塊磚永存不壞，並在學術刊物裡分析每一偶然發現的裝飾碎片。你有的只是更多更多的磚塊，如此而已。設使那些考古學家先雪萊而到這裡，就不會有《普羅米修斯獲釋記》了。

考古學家會爭論說，那些廢墟上的花朵和藤蔓不過是好看的花絮，用以取悅藝術家筆下的漂亮曲線而已。雪萊的體驗表現出來的，是長在廢墟上的草木深深打動了我們心靈，因爲那代表了時間之手，以及個人和宇宙間的競爭。

次年春，雪萊的兒子威廉在羅馬死於熱疫。以前雪萊也喪失過尚在襁褓的子女，但威廉長到了兩歲，失去他打擊特別大。清教徒墳場淪落到城牆邊上，在羅馬唯一的金字塔陰影之下。那金字塔建於西元一世紀，是座名叫凱耶斯·塞斯提斯（Caius Cestius）的市民陵墓。金字塔是最不易朽壞的建築物，是個人取得永生的象徵宣示。在雪萊的個人哲學裡恰恰相反，永生是個不可見的過程，有賴先在宇宙精神中銷解再藉大自然重生而獲得。可是他歡笑的小胖威廉留下了分明的虛空，難以拿那觀念來排解。他沒法完成〈悼念〉（In memoriam）詩：

> 我所失的威廉，彼
> 乃明亮精魂所居，
> 那朽袍已耗去
> 並微掩精魂光輝，
> 在此其骨灰找到墓地，
> 然這金字塔下
> 彼不在──設使美好
> 如彼可逝，彼之墳龕

是彼母與我的傷悲。

彼何在，我溫順之子？
且讓我假想彼之精魂，
以彼蓬勃柔和的生命，滋養
對生長在這些墳墓和廢墟荒野間的
樹葉與野草的愛心；
且讓我假想經由
甘花與鮮草卑下的種子
那色澤與香氣得以流傳，
些許

凱耶斯・塞斯提斯的金字塔依然無視時間而傲立。除了在大
理石塊間伸展的花朵——稚嫩小心的花，不免讓我們想起小
威廉。「然則，誰是塞斯提斯？／對我他又算什麼？」哈代
到這墳場來向這兩位偉大的英國詩人致敬時寫。

　　紀念濟慈的是座華美但毫無特色的紀念碑，1821年，
在他死於羅馬後許多年，由一群多情的維多利亞時代詩迷所
建。一年後，他的朋友雪萊淹死，躺在最高一層臺上，緊鄰
羅馬的防禦城牆。再往上爬，我們經過紀念上千來自清教北
方和新世界的墓地。羅馬的誘人，沒有比這些無名朝聖者和
他們遙遠的人間出生地更有力的證詞了：威爾馬（Walmer）
和海斯汀斯（Hastings），溫徹斯特（Winchester）和朔率爾
（Shropshire）；威斯康辛和波士頓；奧斯陸、哥本哈根、麥
吉堡（Magdeburg）、高森堡（Gothenburg）。包爾斯先生原
本來自倫敦的巴丁頓（Paddington），有支雄偉的圓柱和擲地
有聲的墓誌銘。一個受難天使在來自紐約的克萊恩女兒的墓
上振翅；一個小天使在一張調色板上為心願未了的漢堡天才
掉淚。雪萊的墓是塊毫無裝飾的石板，它的沉默因而更加動
人。如果一座墳表現過度——一位天使擋住我們去路，一名

激動的少女哀求我們落淚——人自然而然的反應是找個藉口急忙走過。正是雪萊墓地的無為邀人想像：我們腳下它那平實的大理石面就像閃亮的水面反映雲朵和陽光。它是面鏡子，雪萊在裡面以我們各自想像的樣貌現身。

詩人在這裡勝過在停屍間裡，卡瑞卡拉浴場就成了個停屍間。這裡是世上最美的墓地；我希望還有空地。這裡草木茂盛、翠綠、酣然，樹木間充滿了鳥翅的拍響，草裡爬滿了昆蟲。生命持續的承諾不在於天使或小天使和硬梆梆的十字架，而在於大自然的生機，在於掩蓋了銘刻的人名字母的長春藤。確實，我們曾在空無草木的墓地流連嗎？正如福樓拜（Gustave Flaubert）在1846年，那時他二十五歲，給朋友的信裡所說：

> 昨天……我看到了一些廢墟，那些我年輕時熱愛並熟悉的廢墟……我又好好想了想，想到那些我從不認識且為我的腳步所踩踏的死者。我最喜歡的是看見那些掩蓋廢墟的草木；這大自然的擁抱，一旦人力無法護衛了，就急忙來掩埋人工所建，讓我滿心深沉豐盈的喜悅。

四年後，乘船沿尼羅河而下，福樓拜見到紀念碑和時間進行殘酷激烈的生死戰。像羅馬的北歐人，他對法老的廢墟的反應，建立在與廢墟陰影下的現代污穢的對比上。給童年朋友路易·布耶（Louis Bouilhet）的信裡[10]，他集中在妓女和變童上，不過這些辛辣、淫穢的信有個值回票價的驚人之見，就是當福樓拜的坐船在晚上九點駛進底比斯[11]時，那些紀念碑在月光下發出眩目的白光：

> 那些龐大的白色廢墟看來像一群鬼。……我在曼農的巨像底下過了一晚，讓蚊子叮得要死。那老傢伙

10 福樓拜給路易·布耶談底比斯的信寫於1850年6月2日，收入 Selected Letters，ed. By Jeoffrey Wall，Harmondsworth，1997，p.149。

11 Thebes，埃及古城，在現今的拉克索（Luxor），有許多國王陵寢、神廟和金字塔、雕像等。譯註。

圖說：尼羅河岸的卡納克，龐大的神廟廢墟橫陳在田野上。

滿身都是塗鴉，模樣可真漂亮。塗鴉和鳥糞，只有這兩樣東西顯出生命的跡象。在腐蝕最厲害的石上連一根草都沒有。它們腐化成灰了，就像木乃伊，如此而已。遊客留下的塗鴉和猛禽的鳥糞是腐敗僅有的兩樣裝飾。你常會見到一座高大的方尖碑上，有一長條從上到下像帘子似的白痕，上寬下窄。那是禿鷹的傑作，牠們有好多世紀都一直到這裡來拉屎。效果十分驚人，也別具象徵意義。大自然對埃及的紀念碑說：你不要和我有任何關係？你上面連苔蘚都不生？那好，該死的，我就在你全身上下拉屎。

尼羅河上的荒蕪廢墟暗示對峙的力之間沒有妥協，不像福樓拜年輕時所見生了苔蘚的廢墟，或雪萊的卡瑞卡拉浴場。我相信，沒有廢墟能啟發遊客的想像，除非它與自然力之間的對話分明、生動又且活躍。無論如何，那啟示未必樂觀，而大自然的經紀人未必就是花朵或無花果樹。而梵谷的

圖說：尼羅河廢棄的神廟。

圖說：意大利畫家薩爾瓦托‧
羅薩也是「如畫」運動追隨
者。

情形，則是法蘭德斯[12]（Flanders） 悲慘的泥巴。

他的畫作〈紐嫩的教堂尖塔〉（*The Church Tower at Nuenen*）（1885），一般稱爲〈農人的教堂院子〉，畫的是一座敗落的塔，充當村民墓碑的木十字架圍繞四週。那時是他事業初期，梵谷正研究鄉下窮人——最有名的像在〈吃馬鈴薯的人〉（*The Potato Eaters*） 裡——他將他們的生死視做大自然的韻律，像季節性的種植和收穫一樣無可避免。那些悽慘但老實的十字架好像站在爛泥裡；教堂院子裡的泥就像田裡的泥。對比下，那廢棄教堂的石塔以一種強橫的架勢呈現，此外——經由暗示——宗教似乎是一種陌生的機構，相對於大自然深沉的循環無足輕重。這幅油畫，就像馬鈴薯那樣滿是泥巴，記錄了梵谷精神上的一大轉變：他失去了對基督教的信仰。

在未來小說《倫敦以後》（*After London*）（1885）中，里查·傑夫瑞斯（Richard Jefferies）以大自然爲工具，向他所憎恨的城市復仇。傑夫瑞斯是個農家子，來自威爾特廈（Wiltshire），多病，信仰神祕主義，後來成了十九世紀後期最傑出的自然寫作者。爲了謀生他給雜誌寫稿，因此只好住在倫敦郊區鐵道邊上，塞比敦（Surbiton）一棟骯髒、煤黑的連棟公寓裡。他生病了，好像是中毒。「惡臭的黑水，」小說出版前一年，他在日記裡寫。「悲慘的小孩，（就像中古世紀）一樣受苦。泰晤士河下游二十一教區的污水處理根本就沒有任何排水。整個地區在爲疾病和瘟疫做準備……這個廁所世紀。」

他向工業文明復仇的第一個工具是雪。他在未完的短篇小說〈大雪〉（*The Great Snow*）裡，描寫倫敦逐漸爲一場空前大雪所封閉，直到北極熊在冰凍的泰晤士河上遊戲，和聖

12 法蘭德斯：中世紀國家，包括今天的比利時西部、荷蘭西南和法國北部。譯註。

保羅大教堂的圓頂埋在深雪裡。大家都餓瘋了,「東城群起攻擊西城……單是擁有一隻馬鈴薯就足以導致謀殺。」之後開始吃人、燒傢具,一位狂熱的教士嚎叫:

> 你們那反叛大自然又鄙視屈服了的大自然力的偉大城市現在哪裡去了——在區區幾片簡單的雪花就可以完全毀滅城市的時候,你們的傲慢現在哪裡去了?你們的蒸汽引擎、你們的電報和你們的印刷機——統統都無能為力了,只因——一點點的雪!

在他後來的長篇小說裡,毀滅因素不是雪而是自然災禍,但推動的精神仍是傑夫瑞斯對城市文明的憎恨。《倫敦以後》是個鄉下人對自滿、腐敗而又毒害生命的大都會的警告。泰晤士河氾濫,倫敦堵塞的陰溝爆裂,造成一片二十哩寬四十哩長無法住人的毒沼澤。房屋倒塌了:「因為這驚人的城市……終究不過是磚塊所建,當長春藤蔓衍,樹木和灌木叢竄起,以及最後,底下的水衝進來,這龐大都會很快就被推翻了。」許多世紀來的污染聚成一片毒氣,殺光了所有生物。「沒有魚了,鰻魚也沒法在爛泥裡生存,連蠑螈都沒有。它死了。」主角菲立克斯(Felix)發現房屋的廢墟結晶成白粉,一碰就碎。骷髏躺在由上億屍體腐化而成的黑沙裡,緊抓住寶物和錢幣。這些是中了毒氣的尋寶人,當菲立克斯跌跌撞撞走向安全時,他開始幻覺,看見半掩埋的黃銅巨人像。

災禍發生後,富人逃出英國,僥倖生還的人回歸到中古時代的野蠻行徑。倫敦以外,代表性的廢墟是鐵道廢墟,因傑夫瑞斯在鐵道邊的斯文敦鎮(Swindon)出生。鐵軌和引擎融毀了,雖然「據說樹林裡還有許多土堆,原本是給這些

機器造路用的，不過現在又低又矮，蓋滿了樹叢」：

> 就是在這些丘上鑿了巨洞給那些鐵車，可是那些洞
> 現在給倒塌的屋頂堵住了，就算打通也沒人敢到這
> 些地方去探險。前人那些曾高聳入雲的美好建築哪
> 裡去了？這些驚人的東西，對我們不過像那些巨人
> 和行走大地的古神傳說。連對我們稱為祖先的人，
> 這些傳說也只是傳說而已。

餘留的少數人沒法抵擋大自然頑強的生命力。老鼠吃掉了貯藏的食物，野狗亂跑，田地邊的野草入侵扼殺了新生玉米。荊棘、黃色野芥子和野花蓋住了道路，村子給泥土和蘆葦掩埋了。透過一位以精細描寫花草出名的作家之眼，我們看到了藏在英國安詳整齊的鄉村底下，大自然殘暴狂野的力量。

生生不息但仁善的大自然能戰勝死亡最有力的例子，是六世紀前遭到破壞和遺棄的義大利城寧法（Ninfa）。從羅馬往南一個小時車程可到，寧法是歐洲最美好的失落之城。「寧法」本意是仙女，許多人仍相信廢墟的樹叢間有仙女掠過。在古典世界裡，一般人都相信任何特別清澈的泉水處都住了捉摸不定的水仙，普里尼（Pliny）[13]的《自然史》（*Natural History*）裡，描述特定的處女祭司怎麼確保水源澄澈。今天水位升高了，泛過一片墓地，在橋樑和防禦城牆塔間像護城河般環繞全城。單是一座防禦城牆塔就足夠昭示它中古的榮光；十三世紀，當培羅‧卡坦尼（Pietro Caetani）買下那塊地時，那裡有十座塔和十四棟教堂。寧法價值高超到連巴巴羅薩都前來破壞，甚至教皇亞歷山大三世也在那裡嘉冕。

十四世紀晚期，內戰期間——精確點說，1382年時——

13 普里尼：這裡是指老普里尼（Pliny the Elder），羅馬作者，西元23-79，潛心記錄並研究自然，以《自然史》著稱。西元79年，他到龐貝觀察維蘇威火山爆發，因此而死。小普里尼是他侄子，做到羅馬的高官。譯註。

寧法被毀了。禍根可能就在它的天然泉水：根據一個理論，鄰近城鎮嫉妒寧法水源充足，決心要見它夷爲平地。城裡的房子遭到劫掠燒燬，許多市民死於劍下。僥倖生存的富人逃了，等到瘧疾隨越來越逼近的沼澤滲入廢墟裡，窮人也跟著逃命去了。

寧法成了個失落的城市。佈滿瘧疾的潮濕空氣下草木怒生，好似因無人而狂歡。廢墟成了叢林，而寧法正是以叢林之身爲浪漫時代的旅人所發現。十九世紀末有個旅人來到這裡，就是德國歷史學家、中古羅馬史巨著作者葛果羅維也斯（Gregorovius）。卡坦尼家族——像科隆納斯（Colonnas）和坎西（Cenci）家族——這些家族的血拼染紅了他的著作，也正是這些家族將羅馬蓋滿了中古堡塔和教堂，讓1870年的共和國大覺羞慚。

葛果羅維也斯可說是從新羅馬逃到寧法來的。成人時代，他在修道院的圖書館裡研究中古羊皮紙手稿，新政府征收修道院爲辦公室和軍營後，他無處可去。僧侶被趕走了，他們的手稿換到了一個新官僚的中央倉庫去。在共和國治下四年後，他下了結論：「新羅馬屬於新的一代，而我屬於那古老城市，在那迷人的沉寂中我的歷史才產生。設使我現在才初到羅馬，根本既不會也無法想到這樣一部著作。」

在寧法他重又發現了那「迷人的沉寂」。遠遠他就看到：

一大圈佈滿長春藤的牆，裡面躺著奇異的圓堆和小丘，顯然由花朵組成。灰塔豎立其間，廢墟處處裝點了綠意，而由這奇怪的圓環間可見一條銀色溪流迅速流去，橫越龐提尼（Pontine）沼澤……我驚訝問，那極爲惑人的大花圈，那神秘的綠環究竟是什麼。「寧法，寧法。」主人說。寧法！那麼就是中

世紀的龐貝，埋在了沼澤裡——死人之城，陰森，
沉寂。

　　護城河帶了神話的威力，裡面的水有如冥河水般沉黑靜
止。巨大鯉魚在葦草間大口吞食，因幾世紀的隔離而肥大。
過了升降吊橋，他發現大門給花叢堵住了；也許葛果羅維也
斯自己有點發燒了，可是他想像它們正奮力對抗任何未來的
暴力以護衛自己的聖土：

> 所有街道都是花。它們列隊遊行過教堂廢墟，爬上
> 高塔，從每一具空畫框向你微笑點頭，侵佔每一座
> 門……你投身到這花海裡，為花香所陶醉，就像在
> 最迷人的童話故事裡，靈魂似乎為它們所囚禁和掌
> 握。

　　在亞歷山大三世嘉冕的教堂廢墟裡，爬藤錯開，露出鑲
嵌畫〈審判日〉（*Day of Judgement*）。葛果羅維也斯說，龐
貝的壁畫慶賀生命和一切生之歡樂。為什麼當他在這龐貝
delle palude ——沼澤龐貝——思考這些苦難和地獄的景象
時，要比在那灰泥和灰燼的直線化石城裡輕鬆許多呢？在這
「綠色的精神王國」裡，他感到暫時的狂喜，那種感受只有
當個人融入人性和時間之流中時才能得到。笨拙、害羞、挫
傷，這個來自尼登堡（Neidenburg）的流浪學者經驗到了只
有當他沉浸在中古羅馬的古籍裡時才有的安詳。可是那些手
稿已經運走，內部粉刷過了，窗欄也拆了。接下來葛果羅維
也斯能到哪裡去呢？等他走過升降吊橋回去時，夜想必已經
深了。

　　山和海間的沼澤——龐提尼沼澤——墨索里尼在1930年
將水排乾了。如果葛果羅維也斯今天回來，會看見什麼？卡

坦尼的塔和宮殿仍在，一樓改成了古物中心，說明當地的社會史，並配合展示新近發現的物品：鍋子、瓷磚、皮帶扣和一支胸針。那〈審判日〉壁畫爲了保存的需要移到美術館去，但若預約可以在店裡看見。角落上的鷹架只是暫時，可以彌補的是，因爲整修露出了一座拱門的楣，側看顯示出這教堂也採用了拜占庭晚期的石藝。牆壁空前結實，蓋上了水泥；當然，爬到防禦城牆上是件危險的事，但有條柏油路穿過城市，不到半小時就可以回到停車場。而且，別走在草地上。

我說的是謊話。如果葛果羅維也斯今天回來，會看見他「綠色的精神王國」正如以前一樣蒼翠和神秘。寧法能免於現代之殃，得歸功歐內里歐·卡坦尼王子（Prince Onario Caetani）的妻子，名叫艾達·維布拉罕（Ada Wilbraham）的英國女士。1880年代，她開始在寧法廢墟裡創造非正式的「英國式」花園，種植樹木、灌木和花叢，卻又不損及土石。不准考古學家來了。艾達的遺風仍在，因爲緊接兩代都繼承她的作法。最後的卡坦尼是莉里亞（Lelia），她和英國丈夫成立了一個基金會，每月有一週末將花園開放給民眾。莉里亞是個畫家，並在宮殿裡主持藝術沙龍。其中一名會員是小說家吉歐吉歐·巴薩尼（Giorgio Bassani），他從寧法的氣氛得到靈感，因而創造了傑作《芬奇·康提尼斯的花園》（*The Garden of the Finzi-Continis*）裡那座圍牆環繞的憂鬱花園，花園裡過去窒息了現在。「噢，往昔的遙遠之島。」（"Oh distante del passato,"）他這樣寫寧法。

我第一次到這裡是在春天。照片只顯出雜生了植物的各種石堆。怎麼表現這些六世紀來除了樹根沒遭過騷擾的繁盛花樹、恣意綻放的花朵、柔軟肥沃的泥土呢？那些被殺害的家族和被燒燬的家園變成了滋養沃土的護蓋層，到處都聽得

見水聲。水仙的泉水從一叢竹林間冒出，匯成溪流奔過橋下，經過磨坊流到城牆。那橋是寧法最常上鏡頭的一景：一道易碎的石拱，不過一公尺寬，花朵如瀑布垂下，花瓣在水面上伸展。簡直美到不真；好像我們在一個玻璃紙鎮裡，不過那點點白色是搖散的花而不是雪。

我在橋下游泳，嚐到那甘甜無比的水，鮮美到讓人大口吸取有如純氧。水流很快，似因逃出了地下洞穴到陽光中而快意奔騰；野草勉力抓住石河床，直扯到根的尖端。溪水一直衝到牆底進入平地才緩下來，漸漸彎成懶散的曲流。我爬出水，氣喘吁吁全身打顫——那時是三月——一隊義大利人站在岸邊，穿著英國短鞋和巴柏爾（Barbour）夾克，張口驚視。「英國人。」一人說，其他人點頭。導遊又加了一句：「他們常惹麻煩。老是要離開導遊隊伍去野餐。」（"Loro sempre la problema. Semore vogliono lasciare il grupo, e fare il picnic."）

可是正和寧法的生機鼓舞相反，有個喪氣至極的地方：一個在西西里的小鎮，叫葛貝里納（Ghibellina），1968年毀於地震。我從沒聽說過這地方，可是馬路上有個葛貝里納廢墟的牌子太誘人了，我不能忽視。我們轉離大路，在一條石子路上走了二十公里，蜿蜒過有人耕種但奇怪不見房屋的肥沃谷地後，太太開始不耐煩了。「這些到底是什麼廢墟？更多的死石頭嗎？」我正打算放棄這歧路探險，她看見前方山坡上一片薄薄攤開的寬闊白色水泥地。成倒三角形，好似山崩在奔流中途變成了化石。在這蒼翠的山谷裡，這純淨的水泥地太超乎現實了，在西西里中午的太陽下白得眩目。

那裡有片停車場，和一塊招牌確定是 I Ruderi Di Ghibellina，可是沒有進一步的說明。水泥地邊緣——約十

呎高——有條窄道穿過，我們就走進去了。起初在牆壁爬上爬下好像在遊戲場探險，等越來越深入迷宮，刺目的白牆就變猙獰了。那些彎來彎去的狹溝很奇怪，近似漫遊中古小鎮的街道。不過，當然，也正是答案：這就是那中古小鎮，它的廢墟包在了水泥模子裡。我敲敲牆壁，想死者是不是封在裡面。那聲音是自我們進山谷後的第一個聲響。沒有回音，可是一條蜥蜴竄進水泥泡的空隙裡去了。

我們回到車後吸了一口大氣。在馬路的下一個交口有塊牌子寫**新葛貝里納**，我們發現了一個囂張嶄新的鎮，大塊大塊的公寓圍繞遊戲場和公共藝術。然而，不見一人；沒人坐在咖啡館外那些整潔發亮的桌邊。不見生命的跡象，沒有笑聲或孩童的叫喊聲打破老葛貝里納的麻木。

後來，一切都得到了解答。1968 年一場大地震襲過西西里南方，葛貝里納也在內。災情極慘重，鎮民放棄了鎮，死裡逃生的人遷到了一個新型小鎮去。他們請藝術家提出紀念災難的構想，結果採納了「地景藝術家」艾柏托‧布里（Alberto Burri）的設計。震塌的房屋打平到同一高度，以木板圍起，然後在模子裡倒進混凝土。結果對遊客是項強烈經驗，可是葛貝里納人怎麼想我從未得知；畢竟，那裡是他們的安息處。沒有新舊對話的跡象，我懷疑這樣一件無名荒涼的紀念物能給生還的人什麼希望。山谷裡田地蓬勃，可是在這封閉窒息的水泥下大自然永遠無法復甦。

我們繼續往前開，經過地震災害較輕又重建了的地區。有趣的是，很少人在自然災害後拋棄城市：里斯本、舊金山、阿拉斯加的安克治、尼加拉瓜的馬納瓜（Managua）。就連廣島也匆匆重建，劫後餘生的人在知道放射線之害前就返回了。1693 年，西西里一場大地震夷平了四十座城鎮。

其中八座在新地點以華麗的巴洛克風格重建：圓頂的拉古薩（Ragusa）、八角形的阿佛拉（Avola）和金碧輝煌的諾托（Noto）。那晚我們便到了諾托。

我堅持先看古諾托。要到那山中老城，得隨一條曲折山路走上許多哩。「死石頭。喪氣。」我們一過那中古城門，安娜就說。對這緊接的第二次繞道探訪，她是對的。牆壁都不過膝蓋高，最近的一場森林大火將所有石頭都燒焦了，樹木一概枯黑。失去了大自然的魔杖，那廢墟看來寂寞又獰惡，我們急忙向海邊的新城趕去。

1693年1月11日，一個週日早晨，一場地震撼動了這一萬二千人口的繁華城市。「土地起伏像暴風雨中的海浪，」一名親眼目睹的人說，「而山喝醉了似的跳起舞來，然後在悲慘的一刻城市倒塌，壓死了一千人。」活的人留下來重整破碎家園，直到西班牙總督——那時西西里受西班牙統治——下令將城遷離孤立的山脊，搬到比較方便的海邊山坡上。市民在指定地區搭設帳篷和木寮露營。那裡有風又空間充足，可是沒水，那個夏天三千人死於瘟疫。

五年後，市民投票決議重建廢墟。[14]可是這些是農人和藝術家，受教育的少數——貴族、神職人員和律師——都相信新地點的經濟前景。兩派諾托人相爭了一陣，最後，不可避免的，窮人只能跟隨富人。像螞蟻兵搬麵包屑，他們將家園瓦礫拉下蜿蜒的山路；以新石蓋新家太貴了。不到1702年，官方報導說「地震廢墟幾乎不再可見，除了一個鞋匠蓋的兩座小堡和兩個住在那裡的兄弟。」[15]

新諾托是巴洛克式的——其實，極巴洛克式。城裡，宮殿設計成歌劇的氣派，修道院的鐘塔圓弧膨脹搖擺讓人暈眩。難得見到一般住家；這城是座以蜜色石頭搭蓋的舞台設

14 重建諾托，出自史提分·托秉納（Stephen Tobriner）1982年專門討論此題的傑作。

15 《費迪南·葛果羅維也斯的羅馬札記》（The Roman Journal of Ferdinand Gregorovius, 1821-1891）於1911年由古斯塔佛斯·哈米爾敦夫人（Mrs Gustavus Hamilton)譯成英文。

計。每一外表都有座凱旋門的入口，每一扇窗都有豪華飾框和俗稱「鼓腹式」的鐵陽臺。庭院壯麗、一塵不染，然卻寂靜無聲。這城在孤獨中嘰嘎作響。

這撼人的空虛吸引了藝術家來到諾托，最有名的是安東尼奧尼1960年的電影《情事》（L'Avventura）。電影指南大都形容這電影在「探索孤立」。一群社交名人在西西里岸邊的游艇上渡假，一位小姐失蹤了。她的情人和她的知交私奔到了諾托。她淹死了嗎？我們不知道。他們親吻，然後越過彼此望向遠方。他們相愛嗎？還是只是孤立？我們不知道。電影結束時，他們望過那空虛城市的屋頂，教堂的每一座鐘大聲脆響。諾托是個完美的虛空，這城的凝視激烈、美麗卻又空無。

我們到時，大教堂下的廣場裡正搭蓋舞台。當晚有場舞蹈表演：一名拉丁舞教師在城裡待了幾週，他的學生要展示新舞步當做告別。諾托人聚在廣場。他們面帶微笑、圓圓胖胖、話說不停，似乎不知藝術家已宣佈他們的城是座大墳場，其間居民是鬼魂。那教師的包跟鞋在街道的大理石上踢踏作響。在黝黑、結實的西西里群眾間，他顯得瘦高又驚人柔弱，從十歲女孩到六十歲男士的學生都熱愛他。等個別演出結束後，觀眾離席跳起了傳統的西西里舞。午夜時大教堂的鐘響了起來，而他們在月光、大理石和唱機轟然的刺耳音樂中，如醉如痴跳下去。我給那些一行行因全神貫注而閃亮的深色眼睛迷住了。舞蹈行列前進然後後退，再後退，再後退，直到我似乎看見他們眼裡的光芒退去，人潮跳往死亡，消失在陰影中，留下我們獨自在這美麗、空蕩和倏然駭人的城市裡。為什麼面對這樣共享的歡樂而卻有這樣感傷？可是這天夠長了，又曬了太多太陽。

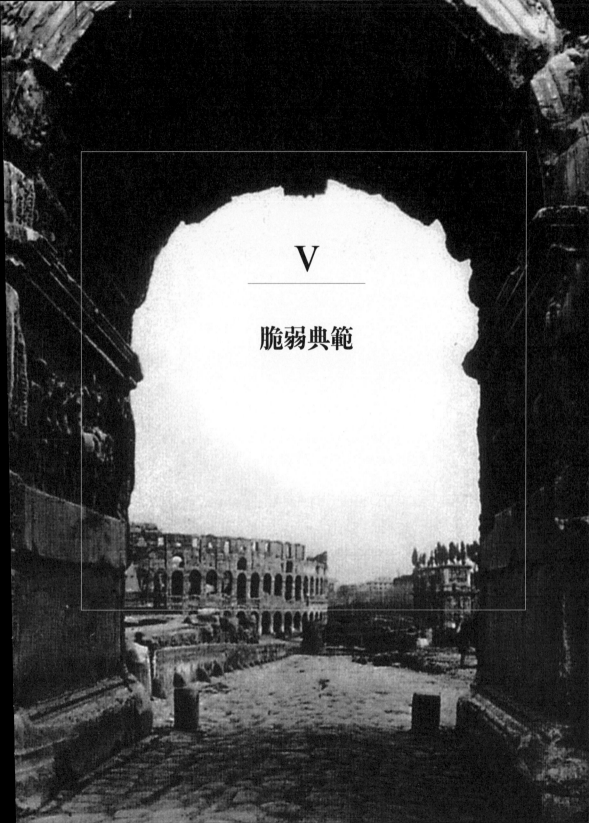

V

脆弱典範

脆弱典範

「他們取消我的頭銜時，我氣得要死。可是黃昏時你站在品奇歐花園（Pincio Gardens）往下看整片羅馬，跨越那許多世紀，事情多少就清楚了一點。」1986年，在麥迪遜廣場花園（Madison Square Garden），出於一項至今拳擊迷仍爭論不休的裁決，「神奇」馬文·哈格勒爾（Marvin Hagler）輸給糖·瑞·雷納爾德（Sugar Ray Leonard），丟了中量級拳擊冠軍頭銜。哈格勒爾馬上就陷入酗酒，可是後來他搬到羅馬，成了風行的電視偵探「鐵警探」（Sergeant Iron）。許多高傲君王曾來到羅馬，面對那遠要慘重許多的敗落景象而感覺寬慰，這拳擊冠軍是最近的一位。

夏特布里昂子爵遊歷羅馬南邊幾哩外的提佛利（Tivoli）時，在哈德連皇帝[1]的行宮房間裡看見一位更早的遊客留刻的簽名：

> 許多先我而來的遊客，在哈德連行宮的大理石牆上寫下了自己的名字，希望能在這些有名的地方留下到此一遊的紀念；他們可錯了。正當我用心讀這些最近才寫的名字時，剛剛以為認出來了，一隻鳥從長春藤叢裡飛出來，驚動了幾顆新雨滴落下：那些名字不見了。

這淪落無名的可能並未引起夏特布里昂的感傷，反讓他高興起來。那時他正在寫《基督教的天才》（*Génie du Christianisme*）（1802），以之為法國大革命廢除基督教後，基督教在法國復興的宣言。在競技場裡，他發現那一度在沉寂中敲鐘的隱士已經死了：「因此我們每一步都得到空無的警示；人去思索帝國廢墟；忘記了自己就是個更不穩固的廢

1 Hadrian Emperor，76-138，羅馬皇帝，在位期間致力改革和興建，喜愛巡遊帝國和建築，設計了羅馬的萬神殿和羅馬外的別宮。為確保羅馬統治的布列顛安全，下令建造七十多哩的哈德連長城。譯註。

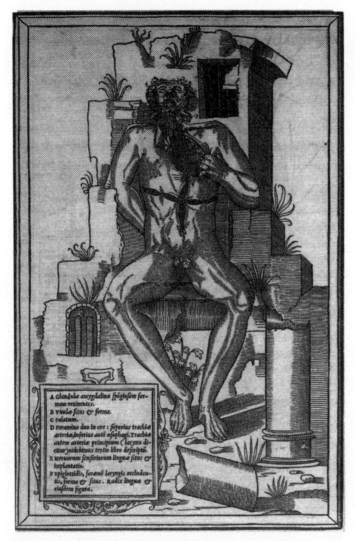

圖說：在查爾斯·艾田（Charles Etienne）著的解剖教科書裡，艾田·瑞維（Etienne de la Rivi?re）的木刻插圖，1545年在巴黎出版。在十六和十七世紀，廢墟是人有限生命脆弱的象徵：「皮下的頭骨。」

墟，將在這些殘蹟倒塌之前更先倒塌。」

　　在基督教裡，個人的腐朽是重生必要的前奏。[2]就像皮下的頭骨，廢墟正是這重生的過程最好的隱喻；建築物越發華美，它的骨架越發有力地展示傲慢而有限的生命的徒然。羅馬廢墟是個規模龐大的死亡紀念物。1462年，教皇庇護二世立法保護古典紀念碑免於毀壞時，其中一項理由便在於

2 建築的敗壞和人生有限之間的關係，羅傑爾·包勒爾（Dr. Roger Bowdler）出於〈對靈魂可悲的遠景〉（A Sad Prospect to the Soul），收在1998年喬治團體會議記錄（Georgian Group Symposium）《廢墟密教》（The Cult of the Ruins，2001）裡，即將出版。討論十七世紀的部份便是根據包勒爾的著作。

圖說：1774年，Joseph Wright of Derby；〈老人與死神〉，油畫。建築的敗壞與人生有限的關係，在這幅畫裡表露無遺。

保留它們具有「示範性脆弱」的景象。

兩千年來大部份時間裡，遊歷羅馬的基督徒就像夏特布里昂遇見廢墟般得到鼓舞。在到聖彼得大教堂途中，朝聖者經過哈德連皇帝的陵寢，那臺伯河邊的巨大圓柱鼓形建築已改建成教皇的聖天使堡（Castel Sant' Angelo）。敘說一切惘然，還有什麼比這更響亮的？在 1658 年的〈骨灰壇〉（*Urne-Burial*）裡，湯瑪斯・布朗[3]爵士認爲一個六呎長的土堆和一座「羅馬哈德連皇帝所建的宏偉陵墓或石塚」一樣擔保永生。和布朗同代，流亡在克倫威爾共和國外的，是詹姆斯・郝爾（James Howell），他是個保皇黨人，最初啣秘密使命到義大利，目的在偷取威尼斯的吹玻璃絕技。這時古典大環遊已經開始了，可是在他 1645 年的《侯蓮娜信札》（*Epistolae Hoelianae*）裡，郝爾承認受到競技場和寺廟的廢墟所鼓舞：

> 真的我必須坦承，我發現自己因它而改善了；因為這些廢墟景象確實讓我充滿了對死亡的驚懼，而更加體會到一切地上事物的脆弱，不管是靜的還是動的，所有物體，月光下的每一件東西，都將銷蝕和變化。

薩爾瓦托・羅薩[4]寫：

> 一切我們所建都倒塌和患病，
> 無一物永恆：
> 競技場死去，浴場，
> 人世是塵土，他們的華麗是無⋯⋯

在無數同屬於由佩脫拉克[5]、塔索[6]就同一主題變化而來的詩中，最簡短的一首是賈克・葛里凡[7]在 1570 年寫的〈廢墟

3 Sir Thomas Browne，1605-1682，十七世紀的英國名醫和宗教學者。譯註。

4 Salvator Rosa，十七世紀的義大利名畫家。譯註。

5 Petrarch，1304-1374，義大利詩人和人文學者，有第一個現代人和桂冠詩人之稱。譯註。

6 Torquqto Tasso，1544-1595，義大利詩人，長詩〈解救耶路撒冷〉對後世詩人如史賓塞和拜倫有深厚影響。譯註。

7 Jacques Grevin，1539-1570，法國劇作家和詩人，本行是醫生。譯註。

圖說：哀傷的羅馬。十五世紀插圖。在中世紀和文藝復興時代，羅馬經擬人化為雄辯的屍體，是具巨人的身體，被敵人或哀悼的寡婦切割成片，如這裡法比吉歐·伍貝提（Fabrizio degli Uberti）的詩〈迪特芒多〉（*Il Dittamondo*）所示。

圖說：圖中的黑衣人在城牆下哭泣，好像失落在樂高王國裡的小孩。

之聲〉（*Le Bruit Ruineux*）：

> （羅馬）哭喊她的公共廢墟
> 除了神的榮耀所有繁華都不恆久

到了義大利文藝復興時代的藝術家開始畫古典廢墟時，便是把廢墟當成基督教勝利的象徵來畫。在像波拉尤奧洛[8]的〈聖塞巴斯臣〉（*Martyrdom of Saint Sebastian*）和波提切里[9]的〈基督誕生〉（*Nativity*）的傑作裡，背景裡衰頹的古典紀念碑便用來象徵基督誕生時異教世界的毀敗，和殉道者最後勝過了謀害他們的人。

　　這人體腐朽和建築腐朽間的比喻，說明了為什麼在中世紀和文藝復興時代羅馬被化成了人形。在法比吉歐・伍貝提（Fabrizio degli Uberti）十三世紀的詩〈迪特蒙多〉（*Il Dittamondo*）裡，她是個受人冷落的寡婦，帶領詩人走過她的廢墟，詩稿裡附了金色插圖，圖裡一身黑衣的人蹲在縮小了的城牆下哭泣，好像一個失落在樂高王國裡的小孩。在華

8　Antonio Pollaiuolo，1432-1498，義大利文藝復興時代名畫家，也是雕塑家和金匠。譯註。

9　Sandro Botticelli，1444-1510，義大利文藝復興時代的佛羅倫斯畫家，擅長宗教和神秘主題的畫作，筆法精細優美，具濃厚裝飾意味，名畫〈維納斯的誕生〉即是出於他的手筆。譯註。

金・貝雷[10]1557年的十四行組詩〈羅馬古蹟〉(*Antiquetés de Rome*)裡，羅馬是個說話的屍體，而對幾年後的蒙田[11]來說，羅馬是具被敵人大塊分屍的身體，那些敵人「發現即使(羅馬) 已經倒地而死，它那扭曲的殘骸仍讓他們充滿了痛恨和恐懼……將廢墟給埋了」。《男性健康》(Men's Health)雜誌最近一期裡有張廣告，圖裡是個肌肉發達的上半身，問：「你的身體是座寺廟還是廢墟？」

在英國，要到十七世紀廢墟才成為個人生活腐化的象徵。正如藝術中的頭骨專家羅傑・波勒爾（Roger Bowdler），在一篇論斷這題材的文章裡所說：

> 十七世紀是個嚴肅的時期；不管從哪個宗教角度來看都鬱悶不安。在這時期，漫長的危機結合到處的戰爭造成了一種哲學態度，強調人的不完美而非人的尊嚴和潛力，尤其偏重在偉大的生命之鏈上人的時間短暫。因此，對縛綁於世間的凡人來說，廢墟具有正面意義，結構倒塌給死亡提供了一個有力的象徵。所有肉體都是草：在靈魂脫離回到上帝之前，人必先萎縮而死。耶穌會殉道教士羅柏特・蘇斯威爾[12]在一份表達虔誠的作品，1596年的〈戰勝死亡〉(*The Triumphs over Death*)裡，將死亡比做拆除破舊老屋以便建造更新更漂亮的建築：「將你的軀殼由這敗壞小屋抽離，投到華美的第二棟建築裡去。」

或者，像威廉・莊蒙德[13]在1623年的〈絲柏園〉(*A Cypress Grove*)裡所寫：

> 經由死亡，我們從這世間的美麗城市放逐了出去，這世間並不真屬於我們，就像我們並不真屬於它。寺院、宮殿和其他宏偉建築的廢墟，是靈魂可悲的居所……這空氣環繞的地球，只是死亡之域，是一

10 Jouchim du Bellay，1525-1560，法國詩人。譯註。

11 Montaigne，1533-1592，法國散文家和哲學家，公認是歐洲私人散文的創始人。譯註。

12 Robert Southwell，英國詩人和宗教作者，也是虔誠天主教徒，1451-1595，最後因宗教原因被英國政府逮捕，囚禁和苦刑三年後吊死。譯註。

13 William Drummond，1585-1649，蘇格蘭詩人，除創作英詩外並將法國和義大利詩譯成英文。譯註。

切有生之物都將腐敗的墳墓，是財富和變遷的舞
台，只在短暫和變化中而輝煌。

　　對每人而言，腐敗是必須的；相反的，在時間盡頭，當
最後的號角聲響起時，從農人的茅屋到皇帝閃亮的圓頂，所
有人類建築都將倒塌。在藍貝斯（Lambeth）的聖瑪莉（St.
Mary）墓地裡，1662年，約翰‧崔茲坎特（John Tradescant）
葬在同名的父親旁，有一幕〈審判日〉刻在墓臺上，石柱和
方尖碑倒塌的景象怵目驚心。崔茲坎特父子是自然奇物蒐集
家，也是園藝家，並引進篠懸木到英國。他們的墓誌銘這樣
寫：

> 這些有名的古玩蒐集家
> 兩人皆是玫瑰和百合花后園藝家
> 如今自己也已移植，長眠於此；當
> 天使以號角喚醒世人，
> 火將清洗世間，而後他們將起身
> 以他們的花園換取天堂。

墓臺的另一面，藝術家畫了老崔茲坎特在坎特貝里
（Canterbury）的聖奧古斯丁修道院廢墟旁所造的花園景象。
波勒爾發現，這〈審判日〉是墓地雕刻裡最早的圖像。只有
到都鐸統治末期畫家才開始在人像背景裡引進廢墟。它們是
畫面主體難免死亡的隱喻；畫裡貴族祖父的後花園裡有座廢
墟，不然就是畫成手裡拿隻骷髏頭。
　　然而，這象徵式的廢墟應是哥德式還是古典式？艾德
蒙‧史賓塞[14]是第一個將羅馬的景象移植到英國的人。他翻
譯了貝雷的〈羅馬古蹟〉，收在1590年出版的《牢騷：包括
浮華世間的個別小詩》（*Complaints: containing sundrie small*

14 Edmund Spenser，英國偉
大詩人，1552？-1559
，嫻熟希臘、拉丁詩人
與義大利詩人，如塔索
等，史詩《仙后》為其
代表作，也是英語文學
的偉大作品。譯註。

poems of the Worlds Vanitie）裡。同一詩集裡，有他寫〈菲
如蘭姆〉（*Verulam*）的詩句，句子裡那城市廢墟──正如
杜‧貝雷的羅馬──哀嘆敗落：

> 如今我除卻廢墟皆不是，
> 倒臥於己身灰燼之中，如彼所見：
> 我曾為菲如蘭姆；那時何等風光
> 而今不過棲身荒野敗草間？……
> 高塔，雅寺，美好劇院。
> 羣牆，華麗陽臺，宏偉宮殿，
> 寬大街道，堅實房屋，神聖墓塚，
> 安全大門，甜美花園，氣派長廊，
> 皆以美好石柱和精緻圖像裝飾，
> 所有那些（噢可憐！）如今都化成塵土
> 並為黑色無冥之銹所掩埋。

法蘭西斯‧培根[15]升為伯爵時，選了菲如蘭姆做頭銜，以它
的短暫來平衡他得到的人間榮華；今天很難想見一名朝廷新
貴做這樣有力的選擇。史賓塞將版畫和繡帷上想像的古羅馬
輝煌，也加諸於農夫從聖阿爾班（St. Albans）一帶田裡犁
出來的古物上。唯一的問題是，那些低矮磚牆和陶器對見過
真正羅馬的人來說毫不出色。儘管過了一世紀的忙碌挖掘還
是沒有改善，我必須以自己對古老世界的十年浸淫，才能從
中學時的一次參觀中恢復過來。那雄偉的羅馬牆不過比我祖
父的玫瑰花圃高一點；一名教育人員站在溝裡揮舞仿製的羅
馬武器狂熱教學；不可以，男孩們，別爬到牆上，我們的老
師叫。可是就英國的羅馬城市來說，菲如蘭姆已是最好的
了；巴斯的浴場還有待發現，而西爾切斯特（Silchester）不
過是印在玉米田裡的市街圖案。

很快的，詩人們找到了另一個虛無（vanitas）的來源：

15 Francis Bacon，1561-
   1626，英國哲學家、政
   治家和散文家。譯註。

亨利八世佔領、掠奪然後賣掉的八百座中古修道院廢墟。它們瘦削寂寞的石骨架像恐龍骨散佈鄉野和城鎮。對一般路人，這些廢墟正像現代的防空洞一樣野蠻、赤裸而又痛楚、可解，那些最初的欣賞家們看見了訴諸靈魂而不是眼睛的魅力。他們就是在十七世紀早期出現的「古物愛好者」（antiquarians），像牛津的安東尼‧武德（Anthony à Wood）之類的旅行歷史學家。他在1677年參觀過恩善姆（Eynsham）的修道院後在日記裡寫：「W.花了點時間在那裡，帶著惆恨的喜悅素描那裡的廢墟……這地方還沒有許多廢墟可看，以示範典型的脆弱。」二十七歲時，未來的《英格蘭的修道院》（*Monasticon Anglicanum*）（1655-1673）作者威廉‧德格得爾（William Dugdale），在牛津城郊的歐斯尼修道院（Osney Abbey）漫遊。他在日記裡思索：「Quid digni feci hic process. Viam?」「真的是什麼都沒有；只有陰影、歐斯尼修道院等，古蹟。」歐斯尼現在已經消失，只有泰晤士河上一座水閘名以資紀念。

　　英國文學裡，首次以詩讚美哥德式廢墟的是約翰‧韋伯斯特（John Webster）的〈馬爾非公爵夫人〉（*The Duchess of Malfi*）（1617），詩裡安東尼歐（Antonio）和迪里歐（Delio）在古寺院見面。詩劇背景設在義大利，但顯然韋伯斯特心目中的是英國修道院。迪里歐說，那迴廊：

　　發出你聽過的最美的回音
　　這樣空洞又這樣陰森，此外
　　又這樣分明異於我們的話語
　　大家都以為是神靈
　　在回答……

安東尼歐：我真愛這些古老廢墟：

我們從未踏足其上，然我們
站在可貴的歷史上：
而且，無疑，在這開敞庭院裡，
無遮暴露在
風雨斲傷之下，有些人埋葬長眠⋯⋯
如此熱愛這教堂，又奉獻如許之多，
他們以為它將掩蓋他們的遺骨
直到永劫。唯凡事都有盡頭：
教堂和城市（就像人一樣會病倒）
也必像人一樣會死亡。

回音：像人一樣會死亡。

圖說：荷蘭畫家盧斯得爾，猶
太墓地，1670年。盧斯得爾是
荷蘭黃金時期（中）唯一賦予
作品中風景以道德與感情內涵
的畫家。

迪里歐：現在回音抓到你了。

回音將必死的真相抽離了出來。兩位身披長袍的男士，在聲音迴盪的陰暗中古寺院裡，這景象讓人很想把它看做是「恐怖文學」，但若這樣做就錯了：以「哥德式」代表一種氣氛和恐怖，是出於像賀瑞斯‧吳爾坡（Horace Walpole）、「僧侶」路易斯[16]和瑞克里芙夫人[17]等作家在十八世紀後半的發明。安東尼歐和迪里歐，就像安東尼‧武德和威廉‧德格得爾，同屬於憂鬱文學派，這派文學經由荷蘭畫家傑克卜‧盧斯得爾[18]1670年的〈猶太墓地〉（The Jewish Cemetery）以畫面表現了出來。前景是株枯樹和雷雨變幻的光線照耀下的墓碑，而我們的視線穿過一片荒野到一座敗落建築的斑駁牆壁。然而，廢墟頂上，卻高掛了一道彩虹。憂鬱不是種情調，而是種清晰、深思的神學旅程，通往神聖的光輝，所有疑惑和寂寞的陰影在那裡都消失不見。十八世紀時，對盧斯得爾畫作的看法有了兩個改變。首先——正如我們在下一章會看見的——藝術家在廢墟參差的陰影和粗糙的質地中發現了外在的美感。其次，啟蒙時代的思想家們不再相信神的彩虹便是人生疑惑的解答。

因此，這之後還有什麼呢？有個人在孤獨的石拱門下找到了答案，在萊斯特廈（Liecestershire）的匹克沃斯（Pickworth），離艾爾（Al）不遠。1817年，二十四歲的約翰‧克萊爾[19]來到了這裡。他是個自學成功的佃農家子，生在諾罕普敦廈（Northamptonshire）的貧窮農屋裡，在到匹克沃斯的石灰窯前，一直以零星的園藝工和田地活勉強維生。他正湊錢——才一磅——印刷出版樣張，以便集資印行

16 "Monk" Lewis，1775-1818，Gregory Mathtew Lewis，英國劇作家和小說家，以恐怖小說《安布吉歐》（Ambrosio）或又稱《僧侶》（The Monk）聞名，因而得名「僧侶」。譯註。

17 Ann Radcliffe，1764-1823，英國小說家，以恐怖小說知名。譯註。

18 Jacob van Ruisdael，1629-1682，荷蘭畫家，畫面以神秘光線和幽深氣氛取勝，〈猶太墓地〉是他最有名的作品。譯註。

19 John Clare，1793-1864，英國詩人，擅長寫自然景致，有農家詩人之稱。最後貧病潦倒，終於瘋狂。譯註。

他的第一部詩集。

那村落已在玫瑰戰爭時期遭到劫掠破壞，餘下的廢墟開掘成石礦。唯一殘留的是尖峭的拱門，原是當地教堂入口。立在一片佈滿荊棘、蕁麻和老樹的荒地裡，因為附近的地都是舊地基，節節疤疤的，農人沒法犁耕。

在窯裡做了一天漫長的工後，克萊爾穿過荒地來拱門底坐下，在那裡寫了〈哀悼匹克沃斯廢墟〉（Elegy on the Ruins of Pickwiorth）。他四處打工時走過鄉下，詩以一個憤怒青年指責當地的不公開始：

> ……虛浮鋪張，僅為一人，
> 占去一半土地以維持體面，
> 而成千如我，無立足之地，
> 卻為求生而徒勞！

但匹克沃斯的廢墟帶來慰藉，因為它們顯示，面對時間的神聖公正，富人華宅和窮人茅屋是一樣的：

> 這四下荒涼景象，
> 一度是富貴好景；
> 而且，無疑，這荊棘滿地處，
> 杯中曾滿注歡笑高歌。

「無論如何必皆公平」：這是克萊爾小時在教堂裡學到的傳統安慰之詞。可是他對神聖公正越來越深的疑惑，從詩鄹然改變方向可以看出，接近結尾時那對滅絕的極端恐懼更加強烈。「我們每日踏足的土地……／無處不藏有死者的殘骸」。

> 正如你，等候我的是相同命運；

我的每一希望將受剝奪：
再過幾年我將被遺忘，
無一絲我的記憶留下。

當匹克沃斯的陰影拉長，遍地荊棘變成了遍地人骨，那景象
想必看來像太陽再也不會升起了。沒有一點復活的指望。他
生性浪漫，曾相信感情的本能必將得勢，而卻發現越過神的
彩虹不過是無冥。埋在克萊爾〈哀悼廢墟〉的文字底下，是
他爲眞愛瑪莉‧喬哀斯（Mary Joyce）所受的挫折。克萊爾
在匹克沃斯工作時遇見未來的妻子，可是在他心底，「費爾
（Vale）的甜蜜派蒂（Patty）」從未取代他幼年村裡的農家女
兒瑪莉。那年初夏，她富有的父親禁止她和那貧窮、眼神又
怪的男孩見面，於是克萊爾帶著沉重腳步到附近鄉下去了，
直到在石灰窯找到事。瑪莉成爲他終身迷戀的對象，他以她
爲主題寫了上百首詩，一直到死。這首詩的中心是恐懼，他
怕若瑪莉忘了他，他就絕滅了。

　　三年後，當克萊爾的詩集出版，他成了倫敦文學界的名
人，可是隨後十年間，情緒和幻想導致他精神崩潰。1841
年，他被監禁在精神病院，直到1841年死在那裡爲止。他
對新浪漫哲學的信仰，將他帶到了一片孤寂晦暗的荒原。

　　1827年，當華特‧史考特爵士[20]到一座修道院廢墟遊
歷時，也喚起了埋藏多年的初戀記憶。然史考特不是個浪漫
者，而是個禁慾者，像A. N.威爾森對他的作品高明的研究
所示：他並不贊同作者在發表的作品裡作拜倫式的個人感情
披露。我們只有從他的私人日記裡才得知威廉米娜‧貝爾切
斯（Williamina Belsches）。威爾森認爲，她是「他最初，也
可能是，唯一的，戀人」，他從未「忘懷」。1790年，在愛
丁堡，一個星期日早晨的禮拜後，史考特在葛雷弗來爾教堂

20 關於華特‧史考特和威
廉米娜‧佛布斯，我改
寫自 A. N. Wilson，*A Life
of Walter Scott*，1996，
edn.，pp.60-64。以上爲
原註。Sir Walter Scott，
1771-1832，蘇格蘭文
豪，作品有《撒克遜英
雄傳》等。譯註。

（Greyfriars Church）門口遇見了威廉米娜；她十四歲，他十九。那時下起了毛毛雨，他用自己的傘送她走到家；以後三年，他每個星期天都走路送她回家。可是史考特只是個實習律師，沒錢娶伯爵的孫女。後來威廉米娜嫁給了一名銀行家，他們再也沒見過面。

威廉米娜年輕就死了，時為1810年；十五年後，史考特的妻子也死了，那時他自己也患風濕病，並因他的出版社無能而將近破產。他開始將所思寫在私人筆記裡，我們由此得知在1827年夏天，他和一些朋友旅遊到聖安德魯修道院（St. Andrew's），許多年前他和威廉米娜也到過那裡。廢墟已經荒涼了。

> 那廢墟……最近才清理過。它們的宏偉主要來自規模而不是裝飾。我沒像以前一樣上到聖如（St. Rule's）塔去；這比起當年可差遠了，以前只要有塔可爬，我哪會滯留在後？可是好一段時間以來，風濕病已開始改變了我這習性，不過我想這是我第一次甘心默認了。我在一塊墓碑上坐下，回憶34年前第一次到聖安德魯的情景。從那以來我的成敗和感情上的改變，有的變好，很多變壞。我想到那時我以北歐文刻在城堡大門邊草地上的名字，自問為什麼還是那麼心動。可是朋友們從塔上下來，把那蠢念頭給趕跑了。

要不是因為那日記我們永遠也不會知道威廉米娜，不會知道在葛雷弗來爾那微雨的星期日早晨，她那特殊的蒼白膚色和微濕的淡褐色頭髮。這時史考特正奮力寫長篇小說以便清償龐大債務。寫威廉米娜的詩應可賣上幾十萬冊，可是史考特的尊嚴不容許他褻瀆他們過去的記憶：

設若我貪婪，又或是嫉妒詩名──兩者都非我天性

圖說：〈哈德雷堡〉，約翰·康斯特堡繪，1829年，成於妻子瑪莉亞死後幾個月。

——可能會以不屑於像拜倫那般大肆剖白來安慰自己，或親身展示垂死角鬥士的悲壯情懷以激起大眾的驚奇和恐怖。

然而，比英雄黯然神傷的戲劇姿態更感人的，是想到那風濕老人獨坐墓碑上，凝視露水上威廉米娜名字的陰影。那次遊歷三個月後他開始和她母親通信。「那墳墓釋放了死者，時間倒轉三十年。」他對自己承認，忽然為潰決的記憶而暈眩。

對克萊爾和史考特，內心的悃恨因廢墟背景而更加深，好似建築是放大情緒的共鳴板。康斯特堡[21]畫的〈哈德雷堡〉（*Hadleigh Castle*）廢墟，[22]也引發類似的氣氛。他的妻子死於1828年冬，幾週後他忙著臨摹羅馬廢墟景象；然後轉移心神到泰晤士河支流邊一座十三世紀城堡的廢墟上，十五年前當他們還在交往時去過。這是他以皇家藝術學院院士身份參加年展的第一幅畫，也是他一生中畫面色澤最晦暗的一

21 Constable，1776-1837，英國風景畫家，但在本國不受重視，但許多法國畫家受到他畫面筆觸和光線的影響。譯註。

22 塔特的〈哈德雷城堡〉是張全幅素描，他最後在皇家學院展覽的完成本今在英國藝術保羅麥倫中心，康乃迪克。這段情事，葛蘭姆·雷諾（Graham Reynolds）在 *The Later Paintings and Drawings of John Constable*，Yale，1984，pp.199-202 裡有描述。哈德雷城堡在泰晤士河畔，靠近南端·海上（Southend-on-Sea）。

124　人在廢墟

幅;城堡的塔完全斷裂了。

　　問題並不全在構圖、光線、陰影和質感。還有感慨的痕跡,有點殘餘的恐懼,怕那些冰冷、破碎又了無生氣的石頭代表絕滅。這兩個元素在哈代的《黛絲姑娘》(Tess of the D'Urbervilles)裡結合了。

　　安究‧克萊爾(Angel Clare)和黛絲到吳莊園(Wool Manor)去度蜜月,到了以後她說出自己受艾利克‧德比維爾(Alec D'Urbeville)強姦的事。安究撤回了感情,外表變得冷淡禮貌,因為執意相信自己的判斷;那年夏天在牧草地上,他一意認定擠牛奶的女工黛絲具備了大自然中最純真的美德。直到他們共處的最後一晚,她的臥房門才打開,然後在夢遊的昏曚中,安究拿床單將黛絲裹起,在她唇上印下深深一吻。「我可憐,可憐的黛絲——我最親愛的,寶貝黛絲!這麼甜美,這麼善良,這麼真⋯⋯我的妻子——死了,死了!」

　　仍在睡眠中,他受到橋過去不遠的田野上,廢棄的西斯特森修道院(Cistercian abbey)深濃陰影的魅力所吸引。白色月光下路很亮。黛絲快樂柔軟的擺動,甘於成為物件,若他在過磨坊溪上的窄板橋時失足了,也甘於淹死在他懷裡。在修道院教堂裡的唱詩班席位,安究將黛絲包裹的身體放進石棺,然後四肢伸展躺在旁邊草地上。在哈代筆下,似乎有道光照在兩人身上,將他們影子放大打在背後牆上。黛絲的身影從石棺裡站起,然後以無限溫柔請求丈夫回家,免得穿著睡衣躺在露水草地上著涼。兩個身形站起不見,然後安究醒來,心意已定。那天後來,他離開了她。直到故事結束,在她被捕和處決以前,當她和虛心許多的安究在一棟荒廢封閉的屋裡重逢,那幾分鐘的迷醉是黛絲唯一的快樂時光。修

道院廢墟放大了她的每一下心跳、每一聲低言款語，但那濃烈氣氛也是哈代喪失信仰的結果。

　　哈代根據的是朵塞特（Dorset）吳鎮邊上的賓登修道院（Bindon Abbey），一個春天週末早晨我到那裡去參觀。那廢墟站在莊園屋的花園裡，屋子由修道院住持的家宅改裝而成，就像哈代來時那樣浪漫。磨坊溪瀑分散到同樣的支流裡去，長春藤和金盞菊蔓掩過圓柱基座，像海草覆蓋茗荷介叢生的老橋墩。那個五月早晨，在唱詩班席位裡，黛絲躺臥過的草地上，有人搭設白帳篷，門口一個男人解釋屋主的女兒要在當天下午結婚。下午應會晴朗，我們同意。帳篷裡，一位小喇叭手開始練習音階。

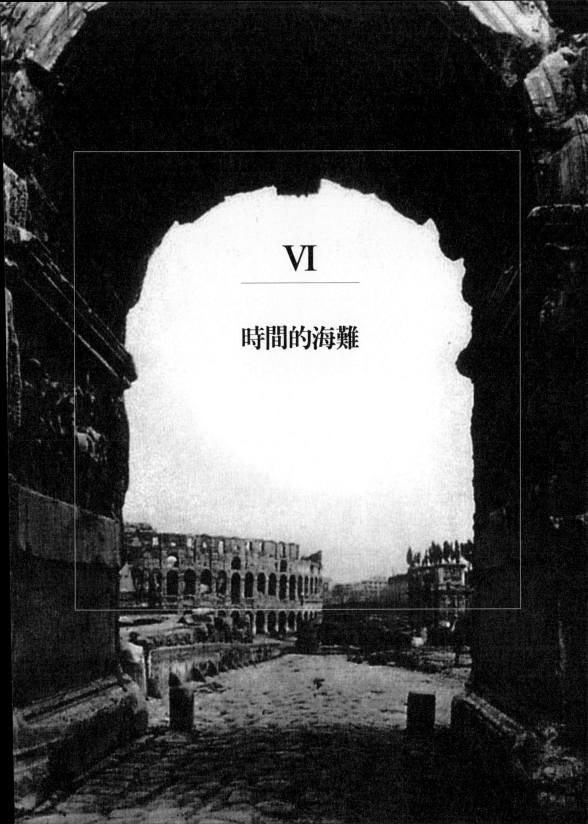

VI

時間的海難

時間的海難

　　1530年間，亨利八世沒收了六百五十座英格蘭修道院裡，其中三分之一已淪爲荒草，另外三分之一在風吹雨打下成了廢墟。其餘有的改建成住家，像賓登或拜倫的紐斯泰德，有的成了工作室或倉庫。少數幸運教堂成了大教堂——譬如，像聖阿爾班斯——不然由鎮民買下做爲自己的教區教堂；巴斯那棟輝煌直立的建築，便是這樣保存了下來。英國的建築景觀會有這樣突來的變化，必須等到二次世界大戰以後。

　　破壞修道院的目的並不在破壞本身，雖然克倫威爾手下肆意砸毀了許多偶像。君王沒收財產並把建材和土地賣給出價最高的人，不僅是因修道院擁有英格蘭四分之一的土地，也因石材和鉛十分珍貴。鉛料本就寶貴，再加上採石場稀少又零散，長途運送石材遠比開採本身昂貴許多。在瑟賽克斯（Sussex）的柳斯（Lewes），克倫威爾把女修道院送給兒子葛雷哥里（Gregory）做結婚禮物，可是那座教堂給拆了，殘餘部份要到十九世紀通往倫敦的鐵道經過時才爲人發現。兩名來自倫敦的「鉛管工」正忙著熔鉛，工頭寫了封信給克倫威爾，那完全無動於衷的實際讓人驚訝。信裡談的是度量問題：

> 高處的祭壇，由四支大石柱撐著，週圍有五座禮拜堂⋯⋯所有這些都在上星期四和星期五做好了。現我們在拆一座高一點的圓頂，由四支又粗又壯的石柱撐起來⋯⋯圓週有四十五呎。

威爾廈（Wiltshire）的馬姆斯貝里修道院（Malmesbury

Abbey），由布商斯登普（Stump）先生從亨利八世的經紀人那裡買了來，再改成羊毛廠。1660年間，古物迷約翰・奧布瑞（John Aubrey）到那裡參觀時，諾曼聖壇裡還擠滿了織布機，斯登普先生的孫子——斯登普先生，鄉紳——用成疊附插圖的中古手稿塞地下室裡的啤酒桶。「那些手稿像蝴蝶四下飛。」奧布瑞悲憤慨嘆。「所有樂譜、帳簿、抄寫簿等都蓋滿了古老手稿……馬姆斯貝里的手套師傅拿它們來胡搞。在上次戰爭以前（譬如英國內戰）一大堆稀有手稿就這樣毀了。」

在修道院解體後的幾年裡，投機商人和感傷的古物迷只是經過廢墟的兩種人。緊接幾世紀裡，先是貪婪，再來是無知和冷落，然後是好奇帶來了尊敬。在羅馬，對廢墟態度的改變也經由相同過程，只不過在那裡要一千多年才完成。[1]

想像1350年的一棟修道院，站在玉米田裡或是山谷羊群遊牧的高地上。鈴聲帶來一天的韻律，呼喚村民上床或宣佈禱告、中午和黃昏。僧侶是為手稿繪製插畫的學者，或是以廚房邊花園裡種的藥草給人治病的藥師，或是在法院裁判的法官——或者，若你信得過亨利八世手下的報告，好吃懶做，愛和放蕩村婦在軟床上喝烈啤酒和燉肉湯的人。

十年後。僧侶被逐，風雨呼嘯過大門、迴廊和聖壇。教堂高聳的石圓頂像鯨魚的肋骨架給洗劫一空。鐘不再響，而以金屬原料的價錢賣了；鑲嵌玻璃和鉛也當材料賣了。茅屋裡的村民家門口突然有了座採石場，石牆取代了木材和泥巴。簡單、方正的石頭很值錢。圓柱的圓鼓只有拿來做磨石才有點價值，裝飾性的柱頭、尖頂或形狀古怪的圓拱則一無用處。這種實際作風，間接鮮明解釋了廢墟。

一個當地商人從國王的經紀人那裡買下了這廢墟。最近

1 有關自修道院解散後社會對中古建築態度的轉變上，布里格（M. S. Briggs）所著的《哥德人和汪達爾人》（*Goths and Vandals*）（1952）還是最好的總覽，尤其在談十六世紀時特別生動；他也引用了路易斯的信。

才封爵的約翰爵士在修道院院長的私人住所安頓了下來，佔用院裡一端。他喜歡大廳和裡面的壁爐，但將濕壁畫的牆重新粉刷過，也許每早面對那些聖經景象太受不了。整整一世紀，完全沒人對廢墟好奇。然後有一天，一個蒼白沉默的年輕人騎馬從牛津來了，手持羊皮紙和筆在裡面踱步，有時停下刮掉聖壇裡棺材上的苔和土。村民見了覺得奇怪：他必是在尋寶——不然找什麼？——可是銀燭臺和聖餐杯已經賣了，院長的棺材也早就洗劫盡淨。但這年輕人並不在尋寶：其實，若他找到了一具骷髏，或是紀念碑上的拉丁文，或是在大宅地下室裡展平用來塞葡萄酒桶的手稿，會更加興奮。他拿著破葉，在聖壇的野草間走來走去，凝視天空似用心遙想逝去的情景。有沒有哪個村民祖先留下了丁點有關這修道院的事？沒有，他們聳聳肩。他們能帶他看的只是客棧裡拿來做煙囪的雕花門楣，和拿來堵塞穀倉門的破鼻天使。他們不懂爲什麼他咒罵亨利八世。臨走時，他在口袋裡放了一些鑲嵌玻璃碎片，還有壁畫一角，打算拿回去放在他牛津房間的角落上。當修道院還完整時沒人有這樣的好奇，約翰·奧布瑞知道那無奈：「這些宏偉廢墟給眼睛和心靈帶來的感動，不下於完整聳立時。它們在感情豐富的心靈裡激起了惆悵；並讓人追想完整時的壯觀景象。」

　　繼那古物痴之後，十八世紀初來了一名藝術家。他比較開朗，見到僧侶的骷髏笑了。他戴了頂寬大氈帽，替他在作鉛筆素描時遮陽。他對想像逝去的景象並不感興趣，但喜歡陽光在參差蒼苔石上的點點投影，和前景牛群四下吃草的景象。對村民他是個新的神秘：爲什麼畫這廢墟？它「景致如畫」，他以鉛筆指出各種輪廓和筆法參差的陰影來解釋這個新詞。比起畫紳士公認時髦的現代屋子的對稱門廊方盒，這

圖說：威廉·肯特為蘇瑞的艾舍爾宅的庭園設計，約在1735年。受克勞德和普森的畫作啟發，在肯特的設計裡，平坦的農地景觀轉化成了世外桃源。山丘、樹林和寺廟全都是無中生有新建的。

可是個有趣的改變。建築師喜歡對稱、直角和幾何比例，但畫家可不。約翰爵士的後人聘他畫一幅他的鄉間莊園風景，打算掛在倫敦的屋裡。到時來葛羅斯凡諾廣場（Grosvenor Square）晚餐的客人，一定會讚美主人如何將現代、古典的品味和古老尊嚴的遺產融合無間。

　　接下來，為了慶祝和糖莊老闆女兒聯姻，他在面對廢墟的山坡上蓋了一棟新屋，正是那藝術家放畫架的地點。修道院院長老舊潮濕的住處租給了一個農人。可是主人抱怨畫家騙了他，說從他的窗戶所見的廢墟景象比不上畫裡的好看，於是找來了一名庭園設計師。設計師向這家人保證那地點有改進的「潛能」：大自然真正的美是潛在的，他解釋，就像格言裡的石中天使，只有經由藝術家才能雕鑿出來。大批工人在廢墟裡搭起營來，幾百枝鏟子要挖出那塊地真正的美來。前面，溪拓寬成了玻璃似的湖；廢墟兩旁丘陵聳起，種滿了樹木，那深色枝葉將整片景致鑲在裡面。聖壇圓拱的水平基座埋了，好讓那些圓柱在天空襯托下看來更加高大。輪廓還是不大對，於是設計師差了一名石匠去敲敲打打，直到

那牆的側影看來粗糙一些。石匠覺得好笑，住在大宅裡的佃農也覺得。他們告訴佃農，他的牛群「如畫」，因為從房子看去，牠們在水邊吃草時身上點點的反光提供了「活動」的元素。但是爛泥和乾草不屬於這人間仙境，可惜的是，農人也一樣。他的院子換到別處去了，前門也掩住了。拓寬了的溪需要一道新橋——何不將橋弄成廢墟？遊戲到這關頭客戶奮力玩下去。橋被截成兩半，中間以木板搭起。淑女們過橋到廢墟去野餐或寫生時因此而喘息嬌笑——畫的是長春藤纏捲的圓柱，或陰影下的門——晚餐前這些畫在起坐間裡傳閱。

十九世紀初，一名年輕建築學生帶著無言的反對佇足觀看這些野餐。他的大衣上帶了倫敦的塵土，手上則是一份印刷的手稿記錄，是許多年前古物迷抄的。他代表了一代的建築師，對他們來說這些所在成了神聖地點。因為拿破崙佔領義大利，他沒法到那裡去旅行，於是開始遊歷國內的鄉下廢墟，愛上了那些「光禿、廢棄的寺院，近來有甜美的鳥在那裡歌唱」。

他是個倫敦建築事務所裡的實習生。在他的製圖板上，新古典圓柱像球柱排成一列。他正協助設計郊區的連棟住宅，每座大門都是從式樣書上抄來的多利克式圓柱。那個下午他會在工地和建築商爭執灰泥的純度——一般細長的倫敦磚柱塗了那灰泥看來就像石柱。只有週日他能免於這種折磨，因此週末辦公室一關門，他就搭馬車下鄉去了。

這些圓柱有六百歲了，可是對他，在苔蘚和長春藤下，感覺上要遠比那新的哈克尼多利克（Hackney Doric）柱更具有生命。每一柱頭，每一笑臉或動物象徵，都和下一個不同；每一個都帶了那無名雕塑家的性格。這石匠不會為報酬

而爭執；其實，這建築師無法想像在興建這修道院時會有任何報酬。從他的週日速寫簿裡，可見他對那膚淺或意外的如畫魅力並不感興趣；好似在心裡去除廢墟的苔蘚和藤蔓，他重建了那原本的設計。圓柱在這裡交會；十字架屏風站在這裡，漆成許多顏色還上了金。這裡是唱詩班歌唱的地方；這裡是圖書館，而這裡是病房；再過去是磨坊輪轉動的地方。我們繞了整整一圈。

現在，那消逝的過去成了未來的靈感，對追隨復興哥德式（Gothic Revival）建築的人來說，他們在修道院的父權社會看見了治療工業社會病症的良方。這復興運動的倡導人是建築師奧古斯塔斯‧威爾比‧普根（Augustus Welby Pugin），他最好認的手筆就是為國會大廈（House of Parliament）設計的新古典裝飾。普根是個虔誠的天主教評論家，在自己的設計工作室裡穿著中古服裝，1852年去世，死時神經衰弱，享年四十歲。他的創新處，在於爭論哥德式的「眞正」風格和羅馬天主教的「眞正」宗教不可分，並將現代社會的缺點歸罪於解散修道院。在《對比》（Contrasts）（1836）裡，他將過去和現在的例子並立。荒涼的現代城鎮以監獄、窮人住宅和工廠的煙囪爲主，裡面的居民是工業機器裡的輪齒。最能代表普根對復興「老英格蘭」信仰的，是他在蘇瑞（Surrey）的彼得‧哈羅（Peter Harrow）設計的農莊。從方罕姆（Farnham）到哥德明（Godalming）開車沿多水的威（Wey）谷時看去，他所創造的景象就像海市蜃樓般誘人：一棟農屋，一棟滿是乾草的穀倉，池塘邊一棟看門木屋，都以雄壯的中古風格蓋成。農場安在一座中古修道院的地面，修道院只剩了一面帶角樓的邊牆，一扇窗格從中間穿過。普根以新的扶壁和翼牆支撐，這可敬的遺物成

圖說：噴泉修道院，法蘭西斯·弗瑞斯攝，約1859年。在1720年代那十年間，詩人和畫家重新發現了修道院廢墟的美，到了維多利亞時代哥德式廢墟籠罩在一片浪漫情調裡。

了新社區的象徵性中心。[2]

　　追隨他的人裡只有很少數是天主教徒。《約克廈的修道院廢墟》（*The Monastic Ruins of Yorkshire*）（1843），是一本大家在波特貝婁路（Portobello Road）上的手推車裡隨手翻翻的那種石版畫集。英國國教的艾德華‧丘爾敦牧師（Rev. Edward Churton）寫的導言，大家通常略去不讀，但裡面解釋了這些圖象的目的：丘爾敦描述噴泉修道院（Fountains Abbey）和瑞佛克斯中古鼎盛的景象，以此來挑戰現代社會的自大自滿。因為「十九世紀種種的改善……從機器和蒸汽而來的新動力，我們的滑鐵盧橋（Waterloo Bridge）和跨越門奈海峽（Menai Straits）的橋墩鏈（chain pier）」，人類就比較快樂了嗎？窮人和老人是否發現根據邊沁原理設置的救濟院，就像修道院一度提供的庇護所——它們同時也是「教養院、精神療養院、法院和法律事務所」——那麼慈善嗎？「我們現代所謂的自由，只有社區裡極少數的人享受到。」

　　換了正面一點的語氣，丘爾敦肯定社會對廢墟本身的態度有明顯變化：「英國人不再安於到老地區去遊玩，在那些迴廊或走道間鋪開點心，並在大塊朵頤之後，起身蹧蹋那些養尊處優吃喝睡覺的僧侶。」他的圖片可能來自五十年前出版的眾多美景指南。譬如，威廉‧葛爾頻牧師（Rev. William Gilpin）在描述葛拉斯敦貝里修道院（Glastonbury Abbey）後，斷定我們「不只以欣賞美景的眼光，並以道德和宗教的滿足感」來看待修道院廢墟，因為它們曾是「滋養迷信、冥頑和無知的溫室：集懶惰、愚蠢和放縱於一爐的大雜燴」。

　　然而，正是這些嬌縱的野餐人士挽救了我們的中古紀念物，讓它們免於腐朽。第一位設法挽救中古建築的是約翰‧

2　若要羅列所有我用來組成綜合廢墟的例子會太長了，不過我可以提一些。斯特里‧羅斯爾的約翰‧艾斯勒比還蓋了一棟面對威佛里修道院的廢墟，並自己設計庭園。他並與約翰‧凡布如合作號召挽救白廳的何爾賓拱門（Holbein Arch）（參考 C. Woodward，*A Pre-History of Conservation* in，*Transactions of the Society for Studies* in *the Conservation of Historic Buildings*，1995）。威廉‧葛爾頻（William Gilpin）認為汀登修道院（Tintern Abbey）角樓兩端太「規矩」了，建議「也許可以用槌子（可是誰敢用？）把它們小心敲裂」。此法並未實行，但十九世紀時為了打開視景，橫跨聖壇的石頭講壇拆了。砸毀花窗以促進景觀唯一的例子，是桂斯波羅修道院（Guisborough Priory）和肯尼沃爾斯堡（Kenilworth Castle）：參考 Charles Lock Eastlake，*Introduction by Joe Mordaunt Crook*, in *A History of the Gothic Revival*，reprinted ed.。再建哥德式廢墟的例子是伊爾佛廈（Herefordshire）的碩布登（Shobdon），和從內特里修道院（Netley Abbey）拆除部份到罕普廈的克蘭貝里公園（Cranbury Park）去（參考 C. Woodward，*Ruins as Follies*，*Country Life*，8 Oct. 1998）。

凡布如（John Vanbrugh）。他以如畫而不是以道德爲理由，來說服馬爾波羅公爵夫人（Duchess of Marlborough）保存布萊寧宮（Blenheim Palace）公園裡的武茲塔克莊園（Woodstock Manor）廢墟。布萊寧宮原是國家爲感謝先馬爾波羅公爵的功勳而建，建築設計師即是凡布如。從宮殿的窗戶看出去，前方是一道新架的石橋，橋長冠於全英，設計的用意在以那史詩的規模來喚起羅馬大軍行進的情景，並假藉比喻來象徵馬爾波羅勝利的軍隊。在「輝煌的布萊寧宮」對面正是殘破的武茲塔克莊園，公爵夫人自然而然假設那刺眼之物必須除去。

凡布如寫信提出兩條保存的理由。首先，是那莊園和文學與傳奇的關係。正如舊歌謠〈美麗的羅薩蒙蒂〉（Fair Rosamund）裡所歌頌的，亨利二世和羅薩蒙蒂·克里佛（Rosamund Clifford）曾在那裡約會。遠古建築「引發人更生動悅人的想像（比起欠缺想像輔助的歷史而言），對住過那裡的人，也對裡面發生過的事。」其次，是莊園和繪畫的關係。如果在兩旁種樹，「讓裡面的房屋看來好像夾在兩個高處之間，那景象將勝過任何最好的蘭斯克普（Landskip）畫家的創作。」

他的請求落空了，原因在於公爵夫人發現了凡布如信裡並沒提到的第三個理由——他假公濟私，把莊園裡的幾個房間改裝成他私人的臨時住所。「所有 J. V. 爵士在他信裡說的都是假的。」她在邊上註明。武茲塔克拆了，但這封信在英國品味上是個轉捩點。凡布如提出，一座眞正的風景可以像畫布那樣構圖，觀眾可以跨入畫框進到活生生的景物裡。大自然可以經由藝術家的眼光而改善，他們在調色板上加入活樹和石頭、陽光、水景和廢墟。[3]

圖說：1714年的武茲塔克莊園廢墟。約翰・凡布如以其「風景如畫」為由，想說服公爵夫人保存此廢墟。

3 約翰・凡布如爵士的信件收在傑夫瑞・韋卜（Geoffrey Webb）編的《約翰・凡布如爵士書信全集》（The Complete Works of Sir John Vanbrugh）裡，頁29-30。欲知發生在武茲塔克莊園的情事大概，參考傑夫瑞・比爾德（Geoffrey Beard）的《約翰・凡布如的作品》（The Works of John Vanbrugh），頁37-50。

4 布萊恩・貝里（Brian Bailey）的《英格蘭和威爾斯的偉大浪漫廢墟》（Great Romantic Ruins of England and Wales）是本各式歷史廢墟地名辭典，包括修道院，還有他妻子的傑出攝影。若要徹底研究二十世紀考古學家就保存廢墟的態度，參考基爾・奇提（Gill Chitty）的〈廢墟遠景〉（A Prospect of Ruins），收在《保存歷史建築研究社記錄》（1993），頁43-60。

5 John Locke，1632-1704，英國哲學家，提倡經驗主義，他的《政府論》提出政府的權力基於民意，倡導「極大多數統治」的原則，開啟民主政治的思想，影響後世極深，美國〈獨立宣言〉尤其將之發揚光大。譯註。

這種如畫觀（Picturesque）或可說是英格蘭對歐洲視覺文化最大的貢獻。影響所及，遠到凡爾賽宮裡瑪莉・安托奈特（Marie-Antoinette）的英國花園，或是凱薩琳女皇的宮殿，或是紐約中央公園刻意的荒野。1812年，法國佔領羅馬時，有人提議將議場修改成「英國風格」庭園，以樹叢來環繞每一廢墟。這因拿破崙失勢而作廢，否則會是英國遊客最後的勝利，因為他們比羅馬人更加了解羅馬。在如畫運動前，沒人認為茅屋和吱嘎作響的磨坊在庭園設計上有任何價值，哥德式廢墟，或綣曲的橡樹，或覆滿長春藤的老牆也是一樣。正因這種革新，我們才買鄉景月曆，或那些茅屋和水磨坊的迷你陶製模型。這種如畫風一直是英國品味不可分的一部份，雖然最後代表它的藝術家是約翰・派坡（John Piper）（1903-1982），他在1941年描寫畫新房子就像畫新生兒：

> 喜歡畫建築的畫家有個怪癖。他們從不喜歡畫自己時代的建築……我最清楚了，我寧可畫一棟半由長春藤覆蓋站在長草中的修道院廢墟，也不願畫它在讓機關接收後，長春藤清掉，草也割了的樣子。

然而，如畫運動只在十八世紀的英格蘭有深遠影響，[4] 因為它是新「聯想哲學」在藝術上的表現。在那世紀初，審美根據的是古典法則，而建築設計則根據某些數學比例。一般公認無瑕之美是客觀的，對品味高的人是眼睛可見的幾何結構，正如對有音樂素養的耳朵，音樂是可辨認的和諧。如畫運動是美學上初次提出美可能是主觀的，轉換成視覺藝術理論，便是心靈活動乃經由累積的記憶聯想而來，就如約翰・洛克[5]在《論人類理解》（Essay concerning Human

Understanding）（1690）裡所說的。譬如，我們從茅屋煙囪冒出的煙聯想到壁爐的溫暖，並由城堡的角樓聯想到浪漫的騎士精神——或是從武茲塔克莊園而聯想到〈美麗的羅薩蒙蒂〉歌謠。

這些主觀聯想有自己的邏輯，正如艾德蒙・波爾克[6]在《對我們就壯美和優美觀念來源的哲學探討》（*Philosophical Enquiry into the Origin of Our Ideas of the Sublime and the Beautiful*）（1756）裡爭論的。有些遭遇導引觀者的心思朝向「自我保存」：地牢、幽深的洞穴、黑石的裂隙，或是維蘇威火山。這些是「壯美」。蜿蜒的河流、平整的草坪和緩的坡地，或是絲柏林間的古典寺廟，暗示了「自我永存」。這些景象是「優美」。

波爾克只不過直述這些反應而已，其實如畫庭園設計師幾十年來早就深知其理，並用在像白金漢廈的斯托（Stowe）、蘇瑞的彭斯丘（Painshill）和威特廈的斯陶頭（Stourhead）等花園了。譬如，在斯陶頭湖畔，當小徑隱沒在陰冷的洞穴裡，而瀑布聲在不可見的遠方轟然作響時，就是要讓仕女們膽顫心驚。出來後到了羊群吃草的和緩山谷，停在一棟古典寺廟的台階前，這時夥伴裡某位男士可能興起背誦維吉爾[7]的詩〈喬治斯〉（Georgics）。這些鄉間花園設計成圓形步道，沿途刻意以這類景致點綴，十八世紀時還開放給所有高尚的民眾。[8]

並沒有人「發明」如畫觀。回顧歷史，如畫觀可說是由哲學家、詩人和畫家的想法匯集而成的。凡布如先是士兵、間諜和劇作家，然後才成了建築師；威廉・肯特（William Kent）則是設計了克萊爾蒙特和斯托花園的畫家。牛津麥格德倫學院的喬塞夫・艾迪森（Joseph Addison）是約翰・洛

6 Edmund Burke，1729-1797，愛爾蘭籍的英國政治家和作家，以在眾議院的演說知名。他的《對我們就壯美和優美觀念來源的哲學探討》是討論美學的先驅之作。譯註。

7 Virgil，西元前70-19，羅馬詩人，以田園詩和史詩著稱。〈喬治斯〉又名〈農家生活詩〉，深受中世紀詩人歡迎，義大利詩人但丁的《神曲》以維吉爾為他走過煉獄和地獄的嚮導。譯註。

8 關於十八世紀的花園有許多書，但最有力也最銳利的是大衛・瓦特金（Dabid Watkin）的《如畫》（*The Picturesque*）、梅非斯・貝提（Mavis Batey）和大衛・蘭柏特（David Lambert）合著的《英國花園導遊》（*The English Garden Tour*）（1990）。瓦特金解釋虛構式的看，貝提和蘭柏特則偏重遊客參與的樂趣。

克的學生，1712 年，他將導師的認識論用在一系列為《觀察家》（*The Spectator*）而寫的文章裡，探討〈想像的樂趣〉（*The Pleasures of Imagination*），影響深遠。他提出：為什麼哥德式建築內部給人的經驗能觸及古典和諧所無法打動的心靈深處？以及，為什麼在徹爾井（Cherwell）旁的草地上散步時，他覺得那些雜亂無章、鳥聲聒噪的樹，遠較當代時尚所欣賞的正式與法國風格的花園裡，那些修剪成「圓錐、球體和金字塔形」的花木，更讓他心曠神怡？「我寧可看枝條蓬勃伸展的樹木，也不願看它們修剪成數學形狀；而且，比起所有那些精緻小巧的花壇迷宮，我不免要更偏愛繁花滿樹的果園。」

約翰・戴爾是如畫觀裡最好的例子，他是個畫家、詩人、農夫和鄉下助理牧師。他還在畫家強納森・里查森（Johathan Richardson）的畫室學畫時，就開始寫風景詩了。從 1716 年，他才十六歲開始，便以〈廣爾丘〉（Grongar Hill）記述他在威爾斯（Wales）健行，以及在艾柏拉斯尼（Aberglasney）山谷時，心情如何隨景致而變化。以丘頂的城堡廢墟為那些感慨作了總結：

> 那裡毒蛇滋生，
> 隱在廢墟、青苔和野草間；
> 而，遲早
> 大塊大塊凋蔽腐朽的牆倒下⋯
> 一點統治，一點支配，
> 冬天裡的一道陽光，
> 是傲者與強者
> 在搖籃和墳墓間僅能擁有的了。

1725 年出版，〈廣爾丘〉是第一首將實際風景視為一系列鑲裱景象的英國詩。[9] 就像凡布如，戴爾所以能夠創

新，在於他跨越領域。1724年，他旅行到羅馬時還是個畫家，當時他寫信回家：

> 我不只是有點暖而已，當我在廢墟山丘裡爬上爬下，或經過沿神聖道的拱門時，腦袋裡有一大堆的詩。在時間摧殘過後，那裡有種動人之處。我忍不住想現在那些凱旋拱門比以前任何時候都美，那裡有點綠意，還有許多別的顏色，野草和桃金孃叢裡的石頭間，還有種破碎和殘敗，是那麼動人，裡面還有某種極野性的東西，和藝術融合，掩蓋了可憎的方形和尖角，增添先前無法想見的美，這就是為什麼現代建築無法給人這種驚喜的原因。

戴爾偶然撞見了他的主要發現：建築物廢墟可以比原先設計完整時更美。戴爾的詩〈羅馬廢墟〉（*The Ruins of Rome*）在1740年出版，那時他在萊斯特廈的海姆（Higham）做紳士農夫。在一片天然式的花園裡，點綴了「一座鄉間廟、山丘上一棟亭子，和魚池邊上的一座多利克式廟」，他養肥羊群，牠們將成為他最後最偉大的詩篇〈羊毛〉（The Fleece）（1757）的主題。這首詩以維吉爾的〈喬治克斯〉為藍本，配合現代英國的羊毛工業改寫而成。戴爾並非怪人，以當時的話來說，他是個「性情中人」。他在文中描寫感傷的段落，比如說像路邊看到的廢墟，是他在追尋心靈滿足的途中，以及重新以古典舊物之美來調和整國的農夫、商人和店家的過程中的片段。他在潤飾〈羅馬廢墟〉同時，也忙於製作用來改進英國內陸導航的「商業地圖」。

十八世紀前半葉是如畫派的春天。彷彿修道院和城堡的尸骸經由藝術家和「性情中人」得到了第二生命。1720年代，財務大臣約翰・艾斯樂比（John Aislabie）因南海泡沫醜聞蒙羞被囚在倫敦塔裡，奉命退休回到他的鄉間產業去。

9 巴琳達・亨弗瑞（Belinda Humphrey）的《約翰・戴爾》是部簡明的約翰・戴爾傳記兼文學分析。《廣爾丘》後來由斯多爾敦出版社（Stourton Press）於1983年重印，並附有約翰・派坡的插圖。

「我自己也是個犯法之人，陷於沒沒無名之中」，就像他對同屬放逐的人所說的。他忙著將斯凱爾河（River Skell）滿佈石頭的谷地改換成花園，那河從噴泉修道院，一路曲折流到了他自己在斯特里・羅耶爾（Studley Royal）的房子。換是法國花園設計家，這地點早就被排除了，可是在〈廣格爾丘〉後的十年間，荒野氣息正是它的迷人之處。步徑在石頭高處的亭臺間蜿蜒，艾斯樂比以細心栽種的樹木在谷地裡創造了各式環繞寺廟的景致，並全神貫注在草地上的雕像和池塘上。在谷地裡逛過兩圈後，「英國廢墟之后」的側影在你眼前升起。其實那修道院立在鄰地上，但觀賞景致的遊客無從得知。

噴泉修道院，是最先被納入花園景觀的園外修道院。座落於約克廈的登空公園（Duncombe Park），一片草壇從屋前草坪上的「時間父親」[10]雕像一直伸展到遠方岬角上的圓形建築。草壇建於1758年，以供觀賞底下萊谷的瑞夫克斯修道院，並蓋在一片弧形地上，讓人得以從不同角度觀賞那十二世紀的廢墟；從觀者的角度，那不斷變換的景致就像在陶匠的拉胚輪上轉動的物體。還種了樹，景致因此若隱若現。對1768年騎馬經過草地的亞瑟・楊（Arthur Young）來說，那在林中藏閃的景物就像倏然瞥見了一個神奇國度。1802年那晚，陶樂絲・華茲華斯正是在瑞夫克斯廢墟間停下休息，聽畫眉在綠色小丘上歌唱。

柔曲修道院（Roach Abbey）也在約克廈，離斯卡波羅伯爵（Earl of Scarborough）在參貝克公園（Sandbeck Park）的新屋一哩處。1770年代，卡帕比里提・布朗（Capability Brown）受聘設計庭園，在契約裡答應「採用柔曲修道院谷地裡的每一部份（以詩人之情和畫家之眼）」。修道院邊的溪

10 Father Time，象徵時間，源自西方傳奇和神話的人物，譬如希臘神話的時間之神克羅諾（Chrono）。通常造型是個長鬚老公公，有時並持長柄大鐮刀，意味時間終將帶來死亡。有時和母親大自然（Mother Nature）夫妻並稱。譯註。

流成了瀑布，矮牆則鋪了草，以襯托直立的圓柱。

　　也是在十八世紀，中古城堡被納入了如畫派的花園裡。亞閏德爾（Arundell）座落於威爾特廈的據點沃多爾堡（Wardour Castle），也是一座內戰廢墟。這座以當地青石所建裂成兩半的八角形建築，特別具諷刺意味。首先，它遭受保議會派圍攻：亞閏德爾爵士不在，夫人布蘭釵（Blanche）勇猛抵抗失敗。亞閏德爾歸來後收復城堡，卻被迫由隧道進入自己的地下室引爆地雷驅敵。復辟後，他的子孫因身為虔誠天主教徒無法擔任公職，窮得沒法重建。他們住在產業上的農屋裡，直到六世伯爵娶了富有的土地（蘇活〔Soho〕便蓋在那裡）女繼承人——因而有沃多爾街——才有能力在1770年代興建新沃多爾堡。新堡採用時新的新古典風格，但據說從大客廳窗戶可眺見老城堡，因為那廢墟是亞閏德爾家族的紀念碑，代表他們對國王和受迫害的信仰盡忠。

　　那些地面沒有古物的家庭可以造假廢墟，最早兩座約建於1729年：在西壬塞斯特公園（Cirencester Patk），一棟叫艾弗瑞德國王廳（King Alfred's Hall）的靜修處，和靠近亨里（Henley），位於佛里場（Fawley Court）的一座仿教堂。

十八世紀時，英國庭園裡修建的假修道院和城堡廢墟超過了三十處，因此我要描述一個對我來說集合了它們所有魅力和複雜性的例子，亦即靠近劍橋，在溫坡廳（Wimpole Hall）的偽城堡。偽城堡的建築師是個叫山德森·米勒（Sanderson Miller）的紳士和業餘庭園設計師，他為朋友們的產業設計醒目的玩景（folly），譬如里特敦爵士（Lord Lyttelton）的哈格里廳（Hagley Hall）的城堡（1747-1748年），賀瑞斯·沃爾坡形容那裡「有男爵戰爭時代真正的鏽」。[11]兩年後，里特敦代表溫坡廳的哈德威克爵士（Lord Hardwick）寫信給米勒，要求「偉大的哥德式大師」的設計：

> 裡面他既不要房子也不要房間，只要有幾堵近似老城堡的牆壁，讓他從屋裡可以看望就行。頂多要一道上塔的樓梯，和繞半圈的鉛廊，可供人站立觀景。背後要有一片好看的樅樹林，而且得在顯眼的地方，和房子有適當距離。我自告奮勇替你答應了，說你會為爵士起草合意的設計圖……我知道對你來說，這些只是遊戲之作。

米勒畫了張城堡站在樹林山丘上，以及一系列高度的草圖，筆觸粗猛激烈，像要撕裂紙張。當然，他用不著圓規或丁字尺。工程一直到1767年才開始，那時米勒已經瘋了。他的草圖轉給了庭園設計師卡帕比里提·布朗和建築師詹姆斯·艾瑟克斯。結果有點太結實，太專業了，哈德威克夫人這樣抱怨：

> 把塔升高算是改進了，雖然布朗先生著手進行此案，而且也說他自己喜歡這個計劃，可是他另外增添的部份，可就著實改變了我們原先的計劃了。也

11 就單一廢墟加以研究最出色的，是傑夫瑞·提亞克（Geoffrey Tyack）對佛里場（Fawley Court）的玩景（《鄉村生活雜誌，4月20日，1989》，和大衛·艾斯海德就溫坡的哥德式玩景所做的研究，刊在《柏陵敦雜誌》（*Burlington Magazine*），2月，1998，頁76-83。提出溫坡的哥德式玩景是為慶祝一個「哥德式」政權失勢而建的說法，源自大衛·史都華特（David Stewart）在《美國建築歷史學家學刊》（*The Journal of the Society of Architectural Historians*）的文字。

就是說，他把它蓋成了一個連續結實，而不是殘破
的東西，讓它變得「不像畫」了。牆壁……從完整
塔到破塔，沿底部連續不斷，只有在大門口上半處
裂開。

1990年代，小約翰・保羅・蓋迪（John Paul Getty Jr.）雇人
在他於白金漢廈（Buckinghamshire）、翁斯里（Wormsley）
產業的山坡上修建類似溫坡玩景的建築，以便遮住衛星碟。
除了在改進東安格里亞（East Anglia）平坦的景觀外，哈德
威克爵士是否也別有用心？他是個暴發戶，中產家庭出身，
律師起家，做到財務大臣，然後1740年在鄉下買了地。就
像採用家徽，天際線有棟城堡可以馬上就讓他的地位有了歷
史。這是一個說法。也有人以政治象徵來詮釋那座城堡，且
看在一首獻給那玩景的詩裡讚美「諾曼一脈的男子氣概」：
「自由、堅實、傲然，護衛其封建領主／並以刀劍之災試其
權柄」。在一個關心君王和議會個別權力的時代，輝格黨
（Whig）政治家們視大憲章（the Marga Carta）的男爵爲英
國自由的捍衛者。這個政治象徵，和如畫觀在加深對國家遺
物的欣賞上攜手並進：譬如，在斯陶海德，湖畔步徑經過古
典神話裡的景物，而沿山坡的外圍步徑則環繞護衛英國自由
的紀念碑，包括一座以薩克森風格建造獻給艾弗瑞德國王的
高塔。

　　不過，還有第三個理論。哈德威克和里特敦兩人是領導
政府鎮壓1745年詹姆斯黨（Jacobite）起義的人物，他們宣
傳說小兔查理王子（Bonnie Prince Charlie）有意恢復封建制
度和野蠻哥德時代的迷信。在克婁登（Culloden）戰役後，
是哈德威克以財務大臣的身份，在〈議會法案〉（Acts of
Parliament）上簽名，廢除了殘存於國界以北的「男爵」制

12 Lord Thomas Elgin，拜倫
時代英國駐君士坦丁堡
大使，在他主導下，將
雅典巴特農神殿裡的許
多雕像運到英國，由大
英博物館收購。時人對
艾爾金此舉反應不一，
拜倫在〈查爾德・哈洛
德的朝聖之旅〉詩裡大
肆譏剌艾爾金，說：
「希臘文化慘遭英國之手
毀容」，濟慈和歌德卻都
加以讚揚。究竟艾爾金
的作為是出於私利還是
真心愛惜藝術、是非法
掠奪還是文化保存，一
直都有爭議。譯註。
13 Alaric，西哥德人首領。
譯註。

度。座落於天際線上的城堡，是否提醒了他在摧毀中古制度最後一點殘蹟上的成就？

不管哪個詮釋正確，那曖昧不清都顯示了「哥德式」是支雙刃劍。這個字在文藝復興時代引進，被當成「野蠻」的同義字，對多數喬治時代的英國士人一直是個貶詞。後來拜倫咬定艾爾金爵士[12]比亞拉瑞克[13]更野蠻，那諷刺所以格外見血，正因布列顛人始終自命為古羅馬後裔。

1789年，在瑟佛克（Suffolk），一位叫威廉・科勒卜（William Clubbe）的牧師，在他布蘭敦（Brandon）的住宅花園裡豎了一座金字塔。塔以古牆碎片組成，來自附近里特陵安（Letheringham）郊區教堂現代化時所破壞的古物紀念碑。科勒卜震怒之餘收集殘片，並寫了篇墓誌銘，裡面那些分屍的石頭朝鄰教區牧師投以最後的侮辱：

火焰！
憤怒的讀者！這些紀念物殘骸不是
（如你們所以為）
是時間的廢墟
而是
在哥德人入侵時遭受摧毀

圖說：斯坦佛德的靜修處，威廉・斯特科里繪。1738年時，由威廉・斯特科里牧師於他在林肯廳的斯坦佛德家中花園所建，以從當地翻新的教堂搶救下來的鑲嵌玻璃和雕像做裝飾。

晚近如西元
1789
後代人要銘記！！！
（CREDITE POSTERI!!!）[14]

以真正殘缺古物建造，而且用來批判理當文明的時代的暴
行，科勒卜的金字塔並非第一。開創類型之先的也是個私下
報復同儕的牧師。古物迷威廉・斯特科里（William Stukeley）
是名新上任的牧師，1730年時來到斯坦佛德（Stamford），
教區裡的萬聖教堂塔尖高聳，像林肯廈的許多塔尖突出天
際。等他發現了鄰區教堂的牧師忙於粉刷掉中古濕壁畫、拆
掉鑲嵌玻璃和裝上新的松木座椅時，大大掃了他對新職的雅
興。他抗議無效，唯一的安慰是新裝玻璃太亮，聖馬丁的牧
師傳道時只好戴上太陽眼鏡——此外，是能在釉匠運走中古
玻璃渣時及時買下一些彩色碎片。他把這些碎片裝在花園盡
頭的仿廢墟窗戶上，那廢墟以撿來的中古零碎拼組而成，奇
異、自足而又像孩童沙堡那樣脆弱。後來這些都不見了，就
像科勒布的金字塔一樣，但又在斯特科里自己的鉛筆畫裡重
現。畫面以三度空間表現了法蘭西斯・培根的隱喻：「古物
是毀傷了的歷史，或是無意間倖免時間海難的部份歷史。」
確實，斯特科里的一生似乎正好說明了那撼人的景象。[15]

　　威廉來自沒落的士紳家庭，是全家人的的指望，1703
年，十六歲時就進了劍橋大學。他學醫，但在大學時期他獨
自到芬（Fen）草原上去散步，「在邦井修道院（Barnwell
Abbey）的廢墟間憑弔，（我）還畫了素描，並割下幾片紫
杉來做煙草塞，慨嘆這麼多先人神祇和光榮事蹟的紀念碑遭
到毀壞」，從此而受到了廢墟的吸引。少時的寂寞開啓了他
一生的事業，他成了英國在研究德魯伊教（Druid）和羅馬

14 關於科勒卜的骨董癖和
詼諧，艾莉森・施爾
（Alison Shell）以〈約
翰・科勒卜與惠特場骨
董〉（*John Clubbe and the
Antiquities of Wheatfield*）
專文研究，收在 *The Book
Trade and its Customers
1450-1900*，Arnold Hunt
ed.，Winchester，
1997。史都華特・皮葛
特（Stuwart Piggott）寫
了威廉・斯特科里的傳
記（二版，1985）。

15 培根就「時間的海難」
的隱喻出於〈促進學習〉
II，第二節。該隱喻源
自佛西亞斯（Vossius）
的《文學書》（De
philologia liber）：「古
物是遠古的遺留，就似
海難的殘餘。」

英國上最負盛名的學者。他屬於1720年那個重新發現廢墟的世代，在他回憶遊歷全國的書中，充份表現了那狂喜之情。在諾罕普敦廈時，他住在一位朋友家裡，陪他一起探尋的是朋友「愛幻想的」妹妹：

> 好幾次她陪我游蕩鄉野，參觀古物、羅馬營地等。我們一起旅行好像漫遊天下的古玩通，到了一個老廢墟城堡，或別的地方，我們相偕爬過每一級台階到每一層樓……互相拉拔過大張的拱門和雜亂的垃圾堆，我若有機會素描……她就替我拿墨水瓶或紙張……毫不介意；沒有任何老哲學家能像我們一起那樣天真親切或無邪無心地交談了。

　　1717年時，他成了第一任古物學會秘書長，四年後他花了四先令豎立木欄以免交通影響到沃爾森十字路口（Waltham Cross）的紀念碑，那碑是愛德華一世所建，紀念妻子遺體在往西敏寺途中停放一夜的所在。1757年，當他發現付費公路委員拆掉木欄，以便利上市場的運貨馬車和驛馬車的交通時，勃然大怒。他下令修建一道磚牆，並在一次公共演說中慨嘆：「我滿心悲傷發現我們已墮入哥德式的野蠻行徑了。」

　　正像約翰・戴爾一樣，斯特科里是「性情中人」；但不像戴爾，斯特科里逃避現在，遠離現代社會和那些加速的馬車，到他從時間的海難中搶救出來的殘骸裡去尋求孤獨慰藉。在斯坦佛德之前，他住在葛蘭森（Grantham），1728年，斯特科里更在花園裡造了一座充滿個人回憶的靜修園。最奇怪的是，妻子流產以後：

> 胎兒，約榛實大小，我埋在了葡萄園裡，我靜修的

寺廟高壇下；因為我在那生滿了長春藤的粗牆上造
了個壁龕，裡面放了我的羅馬神龕、一塊來自弗如
蘭的磚，和馬許地（Marshland）的科壬爵士（Lord
Colrain）送的一截水管。底下是一片甘菊花床，好
墊住下跪的膝蓋，我們由那裡進入，以合乎那場合
的儀式，展現給岳母和妻舅母看。

在斯坦佛德的靜修處，還包括了一個只容單人的角落。我猜
想他重建了邦井修道院內省的孤獨情境，在那裡抽煙斗以及
可能——像1950年代卡通裡花園棚中的男人——躲太太。
「斯特科里，眾所週知，娶了不諧爲妻。」當時一位歷史學
家這樣寫。

　　基於婚姻不諧而建的「玩景」裡，有一棟更是堂皇：愛
爾蘭的貝佛迪爾屋（Belvedere House）的妒牆[16]，在婁‧艾
內爾（Lough Ennell）附近的海邊。由貝爾費爾德爵士
（Lord Bellfield）羅柏特‧羅克佛特（Robert Rochfort）在
1760年所建，牆長一八○呎高三層樓，設計成看來由圍欄
往下塌的樣子。1736年，貝爾費爾德二十八歲，娶了一位
叫瑪莉‧牟滋華斯（Mary Molesworth）的十六歲愛爾蘭小
姐爲妻。他大多時間在倫敦，以在法院裡代表愛爾蘭事務出
名。瑪莉帶子女們獨自在家，愛上了丈夫的弟弟亞瑟。貝爾
費爾德發現她不貞；她坦承實情，亞瑟逃走了。法院判給羅
柏特兩萬英鎊損害賠償，可憐的亞瑟死在了欠債人監獄裡。
此後三十年，羅柏特將瑪莉軟禁起來，除了子女禁止任何人
探望。有一次他意外在花園裡遇見她，大爲惱怒，下令以後
她行動時必須有僕人搖鈴前導。1774年丈夫死後瑪莉被
釋，但那時她早就瘋了。

　　貝爾費爾德蓋妒牆擋住妻子曾在裡面受到勾引的房子；

16 有關貝佛迪爾的妒牆，
參考 James Howley，
*Ruins and Eye-Catchers in
The Follies and Garden
Buildings of Ireland*，New
Haven，1993。欲知那
醜聞詳情，參考 Leo
Daley，*Titles*，pp.42-
67。

和凡布如爲美麗羅莎蒙蒂的武茲塔克宅所安排的浪漫景象截然相反。傳說是那樣；眞相則比較俗氣。羅柏特建那道牆，目的在遮掩二弟喬治的房子，他們多年來一直鬧財務糾紛。廢墟的引人通常不在它的眞相。不過拿這去和在艾秉敦（Abingdon）公園哥德式玩景外暨招牌的官員說吧。遊客注意，那招牌寫：這些廢墟不是眞的！

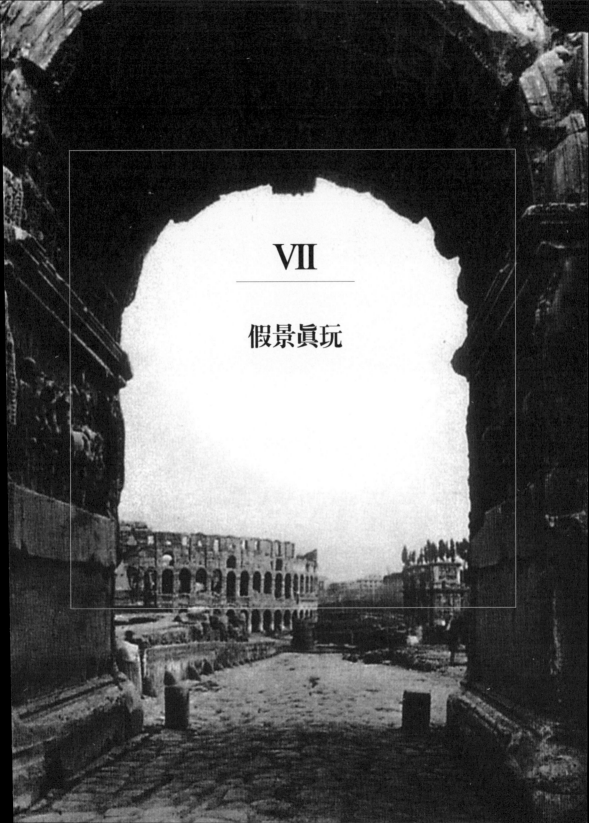

VII

假景眞玩

假景真玩

英國有個地方，你可以坐在倒塌的羅馬神壇上沉思，聽鳥兒在古大理石間鳴唱，那兒就是蘇瑞（Surrey）的維吉尼亞湖區（Virginia Water）[1]。在那平靜的湖畔，有座城市廢墟的柱廊。近前一看，你會發現一塊舊招牌，上面盡職寫了些例行的話：

本廢墟於 1827 年
由喬治國王四世所立
於 1818 年
由利比亞（Libya）靠近黎波里（Tripoli）的
羅馬城大萊普提斯（Leptis Magna）進口
危險─請勿靠近

三十根高大的大理石和花崗石圓柱立在潮濕的山谷中顫抖，以蘇瑞的濕苔代替了非洲的陽光和沙子。就像我們不習慣蠍子，它們似乎也不習慣底下的蕨類，在放逐中形狀悽慘，看來正如當時歐洲宮殿裡風行的黑摩爾（Blackamoor）僕役一樣。為什麼這些大萊普提斯的圓柱跑到了維吉尼亞湖區？

這些圓柱形成了英國最大的人工廢墟，而就像艾爾金大理石，它們的旅程源自講究的品味、愛國主義和政治上的投機主義。理論上，這些廢墟是黎波里的巴廈（Bashaw）[2]給攝政王（Prince Regent）的外交禮物；實際上，是出於黎波里總領事，一位急於升遷、名叫沃壬敦（Warrington）上校的慫恿，巴廈才同意的。1816 年，他參觀羅馬城的所在地，公元 200 年時，瑟提米斯·塞佛魯斯（Septimius Severus）皇帝在那裡建了偉大的議場。和他同行的是海軍軍官史密斯上校（Captain Smith），兼奧古斯都子爵

1 珍·羅柏特（Jane Roberts）的《皇家景觀：溫莎的花園和公園》（*Royal Landscape : The Gardens and Parks at Wiondsor*）（New Haven & London，1997）以維吉尼亞湖區為主題，頁 457-461。以考古學的角度對那些石頭最精細的研究，出於 G. E. 陳柏斯發表於《柏克廈考古學社刊》（Journal of the Berkshire Archaeological Society, 1953-1954）的〈維吉尼亞湖區的廢墟〉（The Ruins at Virginia Waters）。

2 Bashaw 或 Pasha，指土耳其有地位的人。譯註。

（Augustus Earle）、藝術家。溫莎城堡（Winsdor Castle）的皇家收藏裡有子爵的水彩畫，描繪五世紀時汪達爾人入侵城市被棄後，撒哈拉沙漠的沙丘飄流進城的景象，他的筆記裡還記述了那些輕細的沙粒如何將部份城市完美保存了下來。

巴廈答應沃壬敦，但凡他能從沙地裡挖出來的，就可以奉送給攝政王。兩年後，四十支圓柱中的三十七支，十塊柱頭，二十五塊基座，十塊簷板，五塊刻了字的雕像石板和雕像殘肢，抵達了英國。三支最高的圓柱沒法裝上船，因此留了下來，躺在萊普提斯的海灘上，至今還在那裡，悽慘橫陳。

這些廢墟堆在大英博物館的前院裡八年；沒人知道怎麼處理這位巴廈的貢品。終於，有人提議將它們當做「玩景」（folly）[3]，豎立到皇家在維吉尼亞湖區的私人土地上。皇家工程師以運送槍械的車輛將這些東西運走，沿新近鋪了柏油的牛津街，再穿過豪斯婁荒野（Hounslow Heath）。國王的建築師傑夫瑞・瓦耶特非爾（Jeffrey Wyattville）面對一堆亂七八糟的零件，要拿這些造出一棟建築來。沒有設計草圖，無疑是即興創作；組合而成的建築有種脆弱感，好像酒醉的巨人在玩龐大的樂高積木。

顯然，最好的途徑是打基底，然後將三十七支圓柱當神廟列柱來安置。但瓦耶特非爾更聰明。首先，他選擇的地點是一片伸展到水邊的平緩谷地，然後以一座紅磚步橋橫跨過去。其次，他創造出了一個建築空間——或，換句話說，走過廢墟城市的感覺。1828年時的攝政王——現在是喬治四世，臃腫蹣頇——來視察這玩景，抵達浮架碼頭，我們漫遊過兩道柱廊，走過橋下，進入半圓的寺廟。瓦耶特非爾將最高的圓柱留給了這高潮；如畫景物仰賴經由陰影、隱藏和驚

3 1999年，我主持的《約翰・索恩爵士美術館》安排了一場展覽《廢墟景物》（*Visions of Ruins*），配合展出的目錄裡有就英國「玩景」做更詳細研究的一些散文，出於大衛・瓦特金、海倫・朵瑞（Helen Dorey）和我自己之手。

奇造成的突兀對比。

　　爲了圍繞谷地景物，他以新的破石塊造了一些牆，然後以一座缺角的飛簷來陪襯紅磚路橋，讓它看來像城牆拱門。漫步蕨類間，我們想像這谷地充滿了許多世紀來的沉澱，不知在這潮濕的土壤下藏了什麼寶貝。事實上，瓦耶特非爾缺基座；因爲利比亞的沙漠太深，十二支圓柱到的時候並無底座。他靠遊客自己去想像缺少的東西：這是遊戲規則。一座廢墟是一場對話，在不完整的現實和觀賞者的想像間進行。當遊客閒步走過柱廊時，會想到羅馬議場、艾非索斯或帕爾麥拉，每人完成各自的圖像。他的解決手法眞是高明，恐怕比大萊普提斯的設計本身更富想像力。

　　這股建立仿古典廢墟的熱潮在法國、德國和英國最盛，不過第一座是在義大利本土蓋起來的——這恐怕讓人有點意外，因爲那裡已經夠多眞貨了。最早的記錄是棟兩層樓，在坡薩羅（Pesaro）的厄比諾公爵（Duke of Urbino）公園裡，大約1530年，由建築師吉若拉摩・建格（Girolamo Genga）設計。這房子已經消失了，而最早的人工廢墟倖存下來的——在我寫作的此刻正罩在鷹架下——是一道貝尼尼設計的橋，在羅馬的巴貝里尼宮（Palazzo Barberini）。兩座拱橋跨越宮殿的會客廳和花園間的壕溝。第一座蓋成好像拱心石都滑開了；第二座則已倒塌，由一道降下的木升降橋取代了。這樣構圖用意在給巴貝里尼紅衣主教的客人一點趣味刺激，比如說，在他們午餐後散步到花園的時候。爲了完成全景，他提議，將倒在院子裡的破裂方尖碑重新立在橋對面。

　　這些有心的贊助人自認轉動了復活之輪：羅馬再生了。1730年，在一份爲許願泉（Trevi Fountain）所做但最後沒採用的設計裡，提議在噴泉後的牆面畫上來自提佛里已經廢棄

的弗爾格水道（Acqua Virgo）圖。那背景和前景水花激濺的噴泉對比，應是對教皇修復羅馬水源的禮讚。這樣的話，廢墟和新建築並列，對比鮮明，敘說了一則「以前」和「以後」的故事。[4]

　　羅馬最迷人的人工廢墟卻是重門深鎖，在斯塔·崔尼塔·蒙提（Sta Trinità dei Monti）[5]，由聖克拉瑞修道院（Convent of Santa Clara）的修女掌管。是間僧侶的房間，1760年時，法國畫家查爾斯·路易斯·克雷里梭（Charles-Louis Clérisseau）以幻真法（trompe-l'oeil）[6]畫成寺廟廢墟的內景。很長一段時間，只有從設計草圖才可能知道這房間，而大家都以為草圖不見了，可是在1960年代，藝術歷史學家約翰·弗來明（John Fleming）和湯瑪斯·麥可科米克（Thomas McCormick）發現了完整草圖。到這修道院得爬上西班牙台階（Spanish Steps），由斯塔·崔尼塔·蒙提外觀有名的雙塔側邊進入修道院。鑰匙在寂靜中叮噹作響，一名修女領遊客經過無盡窗戶緊閉的長廊，腳步輕響，尊嚴而又靦腆。最後，是一扇朝「廢墟房間」敞開的普通金屬門。我曾在劍橋的費茨威廉美術館（Fitzwilliam Museum）研究過那設計圖。壁畫的立體透視讓人以為房間很大，其實要小得多，但那幻真壁畫就如水彩原作般鮮明。現在一支燈泡從天花板吊下來，上了畫的腐爛木板裂開露出了藍天；一隻鮮紅的鸚鵡棲在樑上。我們站在一棟羅馬寺廟裡，從圓柱間觀看鄉野。這間廢棄的房間成了一個基督徒隱士的家，破爛的零碎權充傢具。正如傳說所述：

　　穹窿和局部牆壁已經倒塌，靠腐爛的鷹架支撐，陽光似乎從縫隙間射入……（壁爐）由不同零件拼湊而成，書桌是壞了的古石棺，桌和椅分別是簷板的

4 烏比諾公爵在裴薩羅（Pesaro）公園裡的人工廢墟（早已消失），在安東尼·皮乃里（Antonio Pinelli）和奧瑞也特·羅斯（Orietta Rossi）的《建格建築師》（*Genga Architetto*）（Rome）（1971）有描述與插圖，頁246-251。約1730年時，為翠薇噴泉背景設計而未實現的計劃，記在一幅素描裡，收藏於柏林的藝術圖書館（Kunstbibliothek），布魯斯·包徹爾（Bruce Boucher）的《義大利巴洛克雕塑》（*Italian Baroque Sculpture*）裡有複製，頁107。

5 有關斯塔·崔尼塔·蒙提的廢墟房間，參考湯瑪斯·麥可科米克的專書 *Charles-Louis Clérisseau and the Genesis of Neo-Classicism*，Cambridge，1990，pp.103-112。

6 trompe-l'oeil，法語，意指筆法精微、立體感強烈、幾乎可以亂真的畫，給人面對實物或置身其中的幻覺。這畫風由來以久，希臘、羅馬時代便常拿來做壁畫，文藝復興時代再度興起，用來擴張建築內部的空間感，譬如天花板或牆壁。有譯作擬真法。譯註。

部份和倒轉的柱頭。就連忠實守衛這新式傢具的
狗，也是在圓拱壁角的瓦礫間。

　　這房間是為了僧侶兼有名的數學家拉蘇爾神父（Father
LeSueur）準備的。畫上有本逼真的書脊上寫了《牛頓》。這
房間是臥房兼書房。我們只能揣測為什麼他選擇住在廢墟；
我猜想，是不是廢墟提醒了他，他的科學研究在神的計劃裡
只不過是一粒微塵？畫家查爾斯·路易斯·克雷里梭是個職
業「廢墟畫家」，畫過一千多張廢墟圖。這些畫有很多是隨
興之作——真實局部的遊戲組合——另一些則是實地記錄。
雖然他試過做建築師，可是性情太不穩定，只完成了少數的
委託案。主要是當廢墟顧問，就室內和花園玩景提供意見。
正如歷史學家溫克曼（Winckelmann）注意到的，和他說
話，就好像打開古墳呼吸那古老的酸味。當克雷里梭離開羅
馬到威尼斯附近的瑟拉（Sala）去時，他寫：「我真心希望
……你就要呼吸的現代空氣不會侵害你的新創作。」克雷里
梭受聘去為阿貝·法瑟提（Abbé Farsetti）以皇帝別墅的廢

墟風格設計花園。裡面將有一座私人環形劇場，一棟供客戶使用設有美術館的房子，和一條沿途是墳墓和石棺的羅馬道路。在這新亞必古道旁將是一條運河，一道裝飾性的橋橫跨其上，終點是一座一百呎高的紀念碑。果真完成的話，這將是全歐最驚人的玩景，可是克雷里梭在一個十五呎的軟木塞模型刻成後，受不了那龐大工程，逃到法國去了。

克雷里梭吸引了兩位1750年代來到羅馬、日後卻成為死敵的學生：羅柏·亞當（Robert Adam）和威廉·陳柏斯（William Chambers）。[7]亞當以奪目的龐貝式室內風格攫住了倫敦社會的想像，這得力於他冷血剝削克雷里梭的專長。亞當告訴弟弟，只要一年一百五十到兩百英鎊，就能說服那廢墟畫家跟他到英國去：「他雖是法國人，但既不開心也沒有伴，不妄想成名，又沒有大志。因此他儘管清楚自己的本事（極其高明），卻可以像狗一樣讓人牽著鼻子走。」相對之下，威廉·陳柏斯要比亞當友好許多，他善待助手，晚年喜歡在皇家學院晚餐上唱瑞典情歌。他教過喬治三世建築設計，並為公務員設計了松莫塞特屋（Somerset House），然而他的設計在嚴謹的新古典外表下隱藏了反動的想像力。陳柏斯玩的廢墟遊戲要比時髦許多的亞當高明，在他的設計裡有三座是當時最前衛的實驗。

陳柏斯生於瑞典，曾旅行到中國，並在巴黎研習建築。在法國學院裡，他結交拿獎學金的法國學生，與畫家和雕塑家到城裡的廢墟去玩時並即地寫生。對一名職業建築師來說，和不同領域的人往來是個深具啟發和解放的經驗，陳柏斯很快就學到工作室設計那種清晰理性的作風只不過是建築史上的第一章而已。拉廣德（Legrand）描述，每當有新的挖掘宣佈，學院裡的年輕學生們就趕到那裡去，「當大理石

7 專門探討威廉·陳柏斯，參考約翰·哈里斯的專題研究（*London*）（1970）。關於威爾斯王子的陵墓和科尤花園的討論，則見頁23-24，頁32-39。

圖說：由於十八世紀的廢墟熱潮建造廢墟與挖掘廢墟同樣風行，影響所及，古物迷也開始了收藏的無垠事業。此圖為畫家帕尼尼斤建造繪製的「古羅馬藝術品陳列室」

工來瓦礫間找可以做底座、胸像、花瓶的東西，破壞了那如畫的混亂時，我們這兩名古物迷就罵這些人是侵略他們領土的蠻子。」

　　1751 年，陳柏斯到巴黎幾個月後，威爾斯王子腓特烈（Frederick）遽然去世的消息傳來。陳柏斯為王子在科尤宮殿花園（Kew Gardens）設計了一座紀念塚。蓋成的可能性極小，但他在羊皮紙上下筆的小心，正有如詩人寫悼文那般。羅馬人將死去的市民葬在城牆外，就像亞必古道所示。將陵墓安置在景致之中，是在恢復這種羅馬作風。墓碑上刻：止步，旅人，想想墓中人的好處。後來，陳柏斯將提議把英國英雄的墳墓立在港水路（Bayswater Road）兩旁。

　　之後，陳柏斯以翻新的創意又畫了第二張設計圖，想像那建築多年後變成廢墟、樅樹在破裂的圓頂上生根的樣子。

這幅圖很讓學者困惑。那廢墟景象只是展露橫切面的手法嗎？陳柏斯的用意在蓋廢墟嗎？或只是度測腐朽對結實建築的影響？也許裡面還有道德用意吧。欣賞古物的人從殘存的古墓看出美德戰勝時間，由此，陳柏斯宣稱腓特烈王子可以和古代英雄並立。同理，他自己的設計也有資格加入羅馬廢墟的行列。

陳柏斯回到英國後，早期一位重要主顧是腓特烈的遺孀，奧古斯塔公主（Princess Augusta），她在科尤的花園後來成了植物園。陳柏斯以裝飾性玩景點綴其間，其中東方塔最受歡迎。玩景包括一座蓋成水道的拱門，用以運送人和牛到公主的私人步道；建於1759年，這可能是英國最早以古典風格蓋成的人工廢墟。以陳柏斯自己的話說：

> 我原意在模仿古羅馬建築，以磚蓋成，再覆上一層石塊⋯⋯北面夾在石頭間，長滿了荊棘和其他野生植物，上頭是草叢，其間可見幾支圓柱和局部建築，拱門再過去一點，可見繆斯的古雕像。

圖說：查爾斯・路易斯・克雷里梭為斯塔・崔尼塔・蒙提的廢墟房間的設計圖，約於1766年，以幻真畫裝飾，模仿一棟成為基督徒修行處的羅馬寺廟。

今天拱門還在，只是少了那些迷人處，繆斯則深鎖在美術館裡。幸好，陳柏斯想像中的林間空地留在了里查‧威爾森（Richard Wilson）的畫裡——他的義大利風景畫十分有名。威爾森更加強了朋友的騙術：畫布上，天空有種地中海的明亮，一位大環遊旅人在絲柏的陰影裡寫生。確實，直到1948年，大家始終以為畫裡的是柏吉斯花園（Borghese Gardens）。

不過陳柏斯最具反諷的例子是為柔漢普敦（Roehampton）別墅所做的室內設計，那幅素描現今在維多利亞和艾爾柏特美術館裡（Victoria and Albert Museum）。帕克斯特德（Parksted）本為貝斯波羅子爵（Earl of Bessborough）所建，設計原意要人從對面的瑞曲蒙公園（Richmond Park）觀賞，好似它是林間古寺。地下室有個房間展覽了貝斯波羅收藏的瓷器，房間天花板以幻真法畫成藤架頂棚，那個設計源自一座羅馬墳墓的裝飾。可是還有第二層幻真：設計圖本身便是錯覺，它假裝是一張撕成兩半的紙。這技巧美化了貝斯波羅對自己大環遊的回憶：手持那圖，他想必覺得拾回了些許古蹟。

8 Laurence Sterne，1713-1768，英國小說家和牧師。《崔斯傳‧商迪》是他的生平鉅作，費時八年，共九冊，寫商迪一生，而絕大篇幅在交代商迪出生前的故事，打破傳統的寫作敘事法，極盡荒誕戲謔，開啓了文字在敘述同時自我顛覆的後現代技法。譯註。

圖說：〈科尤花園的殘破拱門〉，里查‧威爾森所繪。約1761-1762年。這拱門模仿「羅馬古蹟」的拱門實際上是威爾斯王子遺孀，奧古斯塔私人產業上的一段水道。今天仍聳立在植物園裡。

VII 假景真玩　163

圖說：奇觀，自然現象博物館，奧蘭多，佛羅里達。

　　還有什麼比這圖更「後現代」了？如果斯特恩（Sterne）[8]的《崔斯傳‧商迪》（*Tristram Shandy*）預兆了後現代小說，那麼陳柏斯的設計則預見了美國1990年代後現代建築的所有反諷伎倆──除了一項：〈奇觀〉（*Wonderworks*），在佛羅里達的奧蘭多（Orlando）。這座自然現象博物館出自建築師泰瑞‧尼寇森（Terry Nicholson）的手筆，設計成好像是一棟巴哈馬的法院建築給颶風吹到了天上，然後上下顛倒拋到奧蘭多市中心一棟包裝橘子的倉庫上。這博物館設計成新帕拉底歐（neo-Palladian）[9]殖民時代風格，真的是上下顛倒，棕櫚樹從天上掛下來。三角牆像隕石砸碎了走道地面，遊客從石間的裂縫進去漫步過天花板。威廉‧葛爾頓牧師（Rev. William Gilpin）在一本他1770年代的如畫風景導遊裡說，只有拿槌子把箱形帕拉底歐風格建築的一半搗成瓦礫，才有可能「如畫」。不過，他可從沒見識過颶風。

　　十八世紀最大膽的古典廢墟實驗在德國，[10]敵對省份的統治者競相建造設計豪華的宮殿、教堂、花園和花園玩景。1730年，斯培爾（Speyer）的王子司教戴勉‧雨果‧尚柏恩

9　新帕拉底歐殖民時代風格：源自帕拉底歐風格（Palladianism），指義大利文藝復興時代建築大師安吉亞‧帕拉底歐（Andrea Palladio）融合實用、持久和華麗於一的風格。帕拉底歐不但設計了許多各式建築（包括教堂、宮闕、別墅等），也有大批關於建築的著作，影響英國建築特別深遠，如英國的公共建築、鄉下住宅和美洲殖民地建築。譯註。

10　德國玩景，包括史洛斯‧呂恩堡，見衰特‧哈特曼《庭園裡的廢墟》（*Die Ruine in Landschaftsgarten*，Worms，1981）。

（Damian Hugo von Schonborn）在法豪瑟（Waghausel）的宮殿花園裡建了一棟靜修處，蓋成破敗的木屋頂架在圓柱上的模樣，天花板畫成像克雷里梭廢墟房間的「靜修室風格」。在貝如斯（Bayreuth），布蘭登堡‧貝如斯（Brandenburg-Bayreuth）邊疆伯爵在樹林裡設了一系列房間，讓宮裡的人可以到那裡像卡修斯（Carthusian）[11] 僧侶般生活。1735年，他將花園給了妻子威爾敏（Wilhelmine），她加了一座廢墟式的環形劇場，供演出露天歌劇之用。威爾敏是腓特烈大帝（Federick the Great）的妹妹，1748年他在無憂宮（Sanssouci）的宮殿建了一座特別的廢墟。整個山丘頂被夷平，形成一座淺環形階梯劇場，對面是一座競技場的三層樓拱廊，面對一棟環形的多利克式神廟、一列愛歐尼亞式圓柱和一支斑駁的方尖碑。

　　葛爾頻曾提出怎麼把嚴謹的帕拉底歐風格轉變成如畫般的混亂，對這最過火的反應就是赫斯‧卡瑟（Hesse-Kassel）的威罕王子一世（Prince Wilhelm I）在1791年所委託的設計，他幻想把新建的新古典式威罕斯勒（Wilhelmslöhe）城堡中段變成一片浪漫廢墟。這只是視覺娛樂？還是，幻想殘破的門廊、台階和國家大廳顯示了逃脫統治職責的急切？那個設計沒能超越紙面，可是王子又請那位建築師在他的狩獵園深處修建一座廢墟式的仿中古城堡。呂恩堡（Löwenburg）城堡破敗的圍牆暗示它遭到廢棄，可是隱藏在胸牆後的是一套公寓，以王子幻想自己是中古騎士的風格裝潢。這裡是他最喜歡的情窩，是他和心愛的情婦逃避宮中典儀的所在。呂恩堡是武德斯托克的亨利二世和羅薩蒙蒂‧克里佛德的快樂回響，也正顯示花園廢墟在十八世紀德國眾公國間，扮演了國家宮殿另一自我的角色。

11 Carthusian monks，聖布魯諾在法國Chartreuse成立的修道院。譯註。

十八世紀歐洲最神奇的人工廢墟，是波蘭國王斯坦尼斯勞・奧古斯都（Stanislaus Augustus）在華沙的拉金斯基宮殿（Lazienski Palace）花園裡建的戲院。湖畔是座有二十層座位的半環形階梯劇場。舞台在島上，林木圍繞，因此只有劇場觀眾看得見那古老的田園景致。前舞台設計根據的是在赫庫蘭尼姆[12]挖掘出來的舞台，由一系列科林斯圓柱拼湊而成，延伸到林間。劇場於1791年啓用，第一場演出是芭蕾舞劇〈埃及艷后〉（*Cleopatra*），無疑因配合景致而入選。從樹上垂吊的燈到身披長袍的舞者搭船到島上，那景物想必像克勞德或華鐸（Watteau）[13]的畫一樣引人。那晚是十八世紀歐洲廢墟崇拜的快樂巔峰。

　　斯坦尼斯勞・奧古斯都相信藝術可以爲他受傷的國家建立自我，可是兩年後波蘭受俄國和奧國侵略、分割，然後從歐洲地圖上被抹去。波蘭最後一名國王死在聖彼得堡，他的人民承受了二十年革命和異國戰爭帶來的血腥。之後的年代，多少觀眾但願——就像水手游向美人魚——能渡水而去，永遠進入那神奇幻覺中的樂園？

　　在法國，廢墟崇拜也淪於悲劇下場。1789年前的二十年間，英式的如畫公園造成狂熱，他們的遊戲廢墟因而先後成了統治者的腐敗、啓蒙哲學家落空的期望和革命者的殘暴的象徵。這種仿古的淺薄作風，可以拿偉大廚師安東・卡瑞姆（Antoine Carême）爲皇家所做的古典廢墟形狀蛋糕，或是瑪莉・安托內特（Marie-Antoinette）在凡爾賽庭園裡湖邊的如畫仿農場爲例。當她和侍女厭倦了宮廷禮儀時，便假扮牧羊女玩，以她們的悠閑嘲笑農民生活的辛苦。貴族和金融家加入皇室揮霍巨金，在巴黎近郊的別墅裡創建英國式花園。阿比昂伯爵（Comte d'Albion）娶了金融家女兒，然後

12 Herculaneum，古羅馬城，西元79年維蘇威火山爆發時，和龐貝同時爲火山灰掩埋。譯註。

13 Antoine Watteau，1684-1721，法國路易十五時代的宮廷畫家，畫作優雅如夢。譯註。

在法蘭克維爾（Francoville）別墅建了一長串玩景，不到三年就破產離婚了：繆斯神廟、靜修處、喪葬紀念碑、惡魔橋、紀念米拉柏（Mirabeau）的圓柱、一個獻給愛德華‧楊（Eward Young）（《夜思》作者）的山洞、潘神、兩間鄉下茅屋、一座磨坊、一個池塘和一間漁人住屋、一間牧羊人的茅屋、一支方尖碑、一座金字塔，還有一個島，獻給一個叫波爾赫（Boerhave）的荷蘭醫師。

　　法國人比英國人喜歡哲學式的銘言。最具哲學氣的花園是愛門農維爾（Ermenonville），吉拉丁侯爵（Marquis de Girardin）推倒了他形式花園裡的長方牆，然後在仙境似的鄉間豎立了五十多座象徵式玩景。吉拉丁曾遊歷英國花園，也是盧梭的信徒，忠實追隨他對大自然本善的信仰。他照小說《愛彌兒》裡的訓示教養子女，還複製了那哲學家的山中茅屋。在吉拉丁的照顧下，盧梭死於1778年，遺體裝在一

圖說：廚師安東‧卡瑞姆為法國皇家所做的蛋糕。卡瑞姆對廢墟興趣深厚，甚至呈了一份重建聖彼得堡的設計圖給沙皇亞立山大一世。

具羅馬石棺裡，葬在愛門農維爾一座生滿白楊的島上。他是自古以來第一個葬在花園裡的人，可是這教派蔚成熱潮，這座花園很快就成了石棺天堂。甚至有個瘋狂英國信徒的墳——他游到盧梭的墳前，然後舉槍轟了自己的腦袋。

　　山坡上，俯視湖水有一座圓形神廟，初看好像廢墟，其實是蓋了一半。「哲學神廟」的六支圓柱上刻了六位思想家的名字——牛頓、笛卡爾、威廉‧潘[14]、蒙田、盧梭和伏爾泰——象徵侯爵對啓蒙運動仍在進行、高峰還未到達的期望。這湖、石棺、白楊和寺廟的景致出於風景畫家胡柏特‧羅柏（Hubert Robert）[15]的設計，他可能是如畫派最主要的人物了。根據一位朋友，羅柏「既非建築師，也非園藝家，而是個建構風景的詩人和畫家。」他死於1808年，死亡證書上寫：「（胡柏特）羅柏人稱廢墟羅柏，畫家」。革命期間，他的事業顯示了如畫派最後的殘酷境遇——更諷刺的是，未完成的哲學神廟成了真正的廢墟。

　　羅柏於1754年到達羅馬，那時他二十一歲，是個學藝術的學生，一待十一年，如他自己在一幅畫上所寫：ROMA QUANTA FUIT／IPSA RUINA DOCET。（「廢墟本身教我們羅馬有多偉大。」）當他和朋友法功納德（Fragonard）到哈德連大帝的別墅去玩時，就像夏特布里昂看見的，他們把名字刻在了壁畫上。他們的蠟筆廢墟速寫，是這類畫裡的傑作。1767年，他回到法國以後，在巴黎沙龍展出最初的幾百張廢墟畫，狄德羅[16]讚譽他是詠嘆調的新聲。「廢墟在我心裡激起了崇高的想法。」狄德羅在畫評裡寫。「一切都將消失，一切都將毀敗，一切都將成為過去；只有世界留下，只有時間繼續。這世界是多麼古老！我走在這兩個永恆之間……相對這殘破的石頭，我這短短生命算什

14 William Penn，1644-1718，原為英國教友派信徒，為免於宗教迫害，到美國買地設立教友派殖民地，為賓州創始人。賓州人享有宗教自由，並與印第安人維持友善關係。譯註。

15 故逝的尚‧凱武克斯（Jean de Cayeux）是胡柏特‧羅柏特權威，英文著作沒有這方面的好研究。他女兒羅蘭‧米榭兒夫人（Mme Roland Michel）將他的文物收在她巴黎的畫廊裡，也繼承父親，成了鑒定羅柏特畫作時間的專家。Fayard出版社在1989年出了凱歐斯傳記，1987年他出了《胡柏特‧羅柏特與花園》（Hubert Robert et les Jardins，Herscher），探討羅柏特在設計和記錄如畫花園上的複雜角色，書裡並描述愛門農維爾以及小奧古斯丁花園。《法蘭斯美術館》（Musee de Valence）收藏了許多羅柏特的作品，1989年，他們就他對法國大革命的神秘反應進行研究，出版了《胡柏特‧羅柏特和大革命》（Hubert Robert et la Revolution）（Valence，1989）。瑪利‧凱薩琳‧薩吳特（Marie-Catherine Sahut）安排了「胡柏特‧羅柏特的羅浮宮」（Le Louvre de Hubert Robert）（巴黎，1979）展覽，就「廢墟中的羅浮宮」畫作有決定性的討論。索邦（Sorbonne）大學的斯蒂芬妮‧胡伊思（Stephanie Thuilliez）正在寫研究羅柏特的博士論文，就這

〈想像羅浮宮大畫廊的廢墟景像〉，胡柏特‧羅柏畫，1796 年。這幅前瞻未來的畫作，是第一幅藝術家想像現存建築在未來災難後可能的景象。

些方面會更深入探討，正如她在《義大利藝術史學家學刊》（*Bulletin de l'Association des Historiens de l'Art Italien*）發表的論文《別致的詩意：廢墟和土地》（La poétique de la variété: les ruines et la terre）（Paris，1996）。狄德羅就 1767 年沙龍展的評論收在 Jean Seznec 與 Jean Adhemar 編的狄德羅的《沙龍》（Oxford，1963），頁 228-229。我十分感謝索邦大學的傑寧‧巴瑞爾（Jamine Barrier）在巴黎一次難忘

麼？」

　　很快，這名哲學家就為愛徒的能幹而失望了：「他想一個早上就賺十個金幣；他出手闊綽，妻子又時髦。」在一連串畫裡，他的同儕看見了提弗里的維斯塔神廟（Temple of Vesta）——愛門農維爾的哲學神廟便是照這座羅馬建築而建——在一串創意下改頭換面：環形建築有了圓頂，覆上茅草，然後敞向天空；圓柱是多利克式、愛歐尼式和科林斯式的；安頓在懸崖或湖邊上，然後，變成了乞丐寮、盜匪窩、磨坊，以及農人清洗髒布的水源……羅柏以驚人的快速和功力繪畫。他是個熱心腸討人喜歡的人，對廢墟從就沒有狄德

羅的那些哲學玄想。對他，描畫一片殘破的輝煌只不過是個為妻子晚間舞會買絲禮服的手段罷了。

要到革命興起，羅柏的廢墟才出現了陰暗色調。在那段恐怖時期羅柏進了監牢，因為他的畫在前政權的每個沙龍裡都展出而受到牽連。即使是在監獄裡，他還是不斷作畫，在描繪判處斬首的死刑犯的習作和幻想天堂的逃避作品間來回。畫材短缺，卡納法雷美術館（Musée Carnavalet）裡保存了一些他畫在監獄陶器上的廢墟、瀑布和牧羊人。1794年7月出獄後，他發現巴黎突然到處都是受到劫掠搗毀的宮殿和教堂的嶄新廢墟。俄國使節注意到了這種諷刺，在給凱薩琳女皇的信裡寫：「羅柏想必coq en pâte（如魚得水）……每一轉頭就看見他的畫派盛行，到處都是全世界最美最新的廢墟。」然而，羅柏的當務之急在於畫出大革命裡的英雄事蹟以便討好新政權：他記錄了攻破巴斯底監獄；法國國王的棺木從聖丹尼修道院（Abbey of Saint-Denis）的墓窖裡挖出以慶祝廢除君王制度的週年紀念；盧梭的骨灰罈從愛門農維爾花園到巴黎新萬神殿的儀式性隊伍。他成功了，出獄一年後便給委派到委員會，監督將皇家宮殿改建成展示皇家收藏的藝術和骨董的美術館。對這位窮困的老人來說，世界上下顛倒了，然我們無從得知他真正的想法，只有透過名畫〈羅浮宮廢墟〉（*Louvre in Ruins*）才可能一窺他心底的困惑。1796年，羅柏在巴黎沙龍展出了一份設計圖，畫的是將平行塞納河的大畫廊整修成由頂上照明、看來極盡深遠的新畫廊。附帶的設計圖也是相同的廢墟景觀。一位藝術家在畫阿波羅的雕像，同時農人卻拿畫框當柴燒。這幅畫作的每個細節——殘破的圓頂、植物、藝術家和農人分享廢墟——都是由他的羅馬景物轉移過來的，以便呈現未來的巴黎。在

的晚餐上，讓我認識到法國的廢墟人士（ruinistes）。

16 Denis Diderot，1713-1784，十八世紀法國啟蒙思想家、唯物哲學家和作家，編纂《百科全書》。譯註。

瓦礫間有三幅傑作，都完整無損：阿波羅・貝弗底爾（Apollo Belvedere），和它腳底的拉菲爾（Raphael）半身像，以及米開朗基羅的〈奴隸〉（*Slave*）。災難時期，似乎只有藝術的永恆可信。

羅柏是第一位將現存建築畫成廢墟的藝術家。這幅空前的畫作可能受了佛尼伯爵（Comte de Volney）〈廢墟，帝國革命沉思〉（*Les Ruines, ou Méditation sur les révolutions des empires*）的影響，1791 年在巴黎出版。佛尼還是個年輕旅人時寫了《廢墟》，回憶一晚隻身在帕爾麥拉美妙的荒涼間：「我向你致敬，廢墟孤寂、墳墓聖人、沉默之牆！」坐在山坡上，他環視谷底的廣大廢墟，想像在羅馬帝國時代，帕爾麥拉是沙漠貿易倉庫的繁華風光。「尼尼微[17]的堡壘、巴比倫的牆垣、泰爾[18]（Tyre）的船隊，現在你們在哪裡？」而在「塞納河、泰晤士河、載德吉河（Zyder-zee）[19]」畔，會發生什麼事？他對時間無情和毀敗必然的獨語，爲現身廢墟間的精靈打斷，要他停止這些陳腔濫調。廢墟不是大自然無可避免的循環，精靈解釋，也不是神的旨意。廢墟是人類傲慢、貪婪和愚蠢的結果。不是大自然也不是神或時間讓帕爾麥拉變成廢墟，而是人，人自己。精靈將佛尼一陣風旋上高空，讓他看地球表面如何受到戰爭、劫掠和濫用毀傷。法國大革命是個給人類覺醒和創造普遍繁榮和平的機會。佛尼在帕爾麥拉的覺悟，導致他提出宣言，倡導「總體國家集會」，遵循「自然法的金字塔」。不論羅柏對佛尼的政治主張看法如何，他就羅浮宮的想像可能受到了佛尼筆下塞納河畔廢墟的影響。

前一政權在遊戲玩景上最殘酷的倒轉，是艾里榭法國紀念碑花園（Le Jardin Elysée des Monuments Français），羅柏

17 Nineveh，古亞敘利亞首都，廢墟現在伊拉克泰格瑞斯河畔。譯註。

18 Tyre，或是 Sur，黎巴嫩南部沿海城市，曾是腓尼基人的首都。譯註。

19 Zyder-zee 或 Zuyder-zee，荷蘭河流，後來興建水庫。譯註。

P. Martini sec.

Ici fleurit jadis une Ville opulente, ici fut le siege d'un Empire puissant: Oui! ces lieux maintenant si deserts, jadis une multitude vivante animait leur enceinte &c

圖說：佛尼伯爵的《廢墟，帝國革命沉思》，標題頁插畫，1791 年在巴黎出版。

就這題材畫了四次。裡面是一堆亞歷山大・勒諾瓦（Alexandre Lenoir）從受革命黨人破壞的教堂和城堡撿來的喪葬紀念物，然後放在重複的小奧古斯丁修道院的迴廊和花園裡。包括來自聖丹尼修道院的墳墓，中古以來法國國王就一直葬在那裡。勒諾以愛門農維爾的風格將紀念物安置在樹木間，試圖創造「打動敏銳心靈的甜美惆悵」。類似克雷里梭——或是威廉・斯特科里的花園靜修處——的即興手法，其實，艾里榭花園裡的每一紀念碑，都是以來自不同地方的零件組成的。然而，十八世紀品味再大的魅力，也無法掩飾廢墟的悲劇內涵。果然，保皇黨人夏特布里昂後來就寫：「要描述1789年到1790年的社會，只有將它比做恐怖過後隨意堆在小奧古斯丁迴廊裡的各代廢墟和墳墓，否則無法言傳。」

　　1818年，離了婚的雨果夫人來到小奧古斯丁路十八號，住在修道院改裝而成的公寓三樓。她的兒子維克多（Victor）十八歲，但已經展現出早熟的詩人光芒。[20]雖然他死時是勞工英雄，但維克多・雨果（Hugo）年輕時不但熱情而且公開擁護復辟的波旁王室（Bourbons）。他的弟弟艾柏（Abel）也是保皇黨，還將政治理論寫成書《聖丹尼之墓》（Les Tombeaux de Saint-Denis）出版，中心意象就是從他們窗戶可見的艾里榭公園。

　　經常爬上十八號的樓梯來訪的是雨果夫人的表親，佛尼伯爵。二十年的流血、破壞和黑暗緊隨嶄新的黎明而來，他在那段期間撰寫了《廢墟》。正如他一度俯視帕爾麥拉，現在他俯視著沉寂的廢墟花園，身旁是年輕的雨果。佛尼的精靈現在說什麼呢？也許雨果的詩〈凱旋門前〉（Before the Arc de Triomphe），是帕爾麥拉那個夜晚最後的回聲。裡面

20 有關雨果在小奧古斯丁路十八號，見葛蘭姆・羅卜（Graham Robb）的《維特・雨果》（1997）。

寫的是多年後的巴黎：

當流水響亮拍擊
橋樑的河岸
再度覆滿了呢喃的葦草⋯⋯
當塞納河流過擋路的石頭
腐蝕了滾到河流裡的
舊圓頂⋯⋯

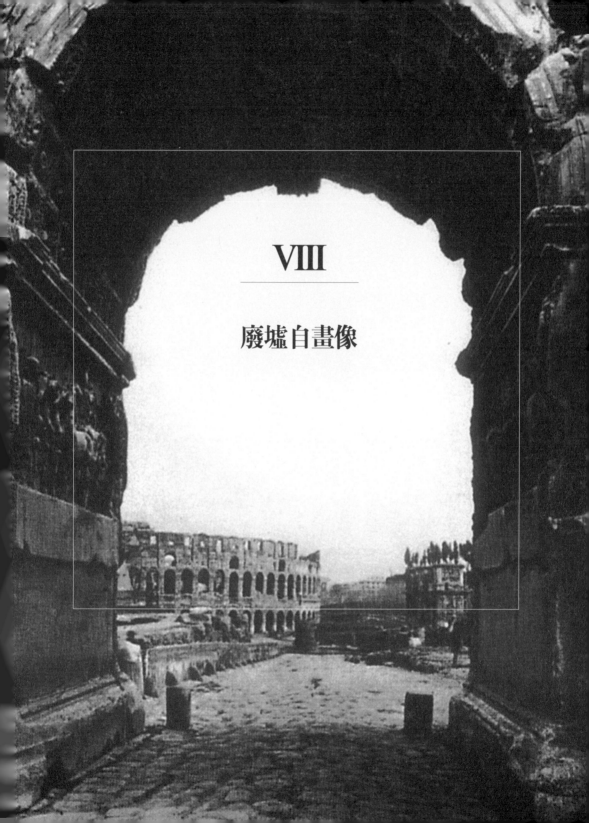

VIII

廢墟自畫像

廢墟自畫像

　　大萊普提斯不是英國僅有的進口廢墟。在倫敦的約翰‧宋恩（Sir John Soane）爵士美術館墓窖裡，展出雕像、神龕和建築的局部，堆在暗處，好像幾小時前才剛挖出來。光線從高處天窗透進地下迷宮裡；沒有窗，因此看不見外面的現代城市。只要門一關上，遊客便不再置身倫敦市區，而在美術館創建者的想像世界裡了。自從1837年這位偉大建築師死在林肯旅社場（Lincoln's Inn Field）十三號後，屋裡就沒變動過。這座美術館設計成自傳的形式，裡面的收藏有人形容是「從海難夢裡搶救下來的寶藏」。我在那裡工作了五年。要理解約翰‧宋恩對廢墟的沉迷，的確也需要五年時間。難得有建築師像他那樣理解所用媒介的空幻和諷刺。從沒有人像宋恩那樣不信任後世。

　　生於1753年，宋恩是個砌磚匠的么子，做到了攝政時代倫敦最有成就的建築師，和約翰‧納許（John Nash）對立。他是個天才建築師，設計了一些英國最美的室內，專業上精細、能幹、世故，私下卻是個內向、憂鬱又好爭的人。在磚塊、水泥和產業開發的世界裡，宋恩是第一位引進浪漫運動中狂飆作風（Sturm und Drang）[1]的建築師，正如畫家亨利‧弗斯里（Henry Fuseli）和班傑明‧羅柏‧海頓（Banjamin Robert Haydon）的個人風格所代表的。1780年代，受到盧梭和歌德《少年維特的煩惱》啟發，這一輩藝術家發起了一個觀念，即創造性天才必須藉自我的不妥協來表現——而且不妥協的後果是誤解、迫害和失敗。在畫家的閣樓裡這種說法固然迷人，但宋恩是英格蘭銀行理事、大法官和總理的建築師。他得把自己的浪漫之袍掛在櫃子裡。

---

1 Sturm und Drang，直譯是風雨和緊張，指十八世紀晚期，德國文學由古典主義過渡到浪漫主義時所標榜的激進風格。中心代表人物是歌德和席勒。譯註。

宋恩性格裡這不同兩面的張力經由廢墟的隱喻表現了出來。他在1795年重建股票交易所（Stock Exchange）時，初次顯現了這種張力。那時股票交易所是座圓頂圓形大廳，是英格蘭銀行（Bank of England）複合建築的一部份。完工後為了慶祝，他請曾在羅馬研習直到拿破崙入侵的年輕建築師喬塞夫·甘迪（Joseph Gandy）將其畫了下來，甘迪馬上施展天份以透視法呈現了僱主的設計。此後三十年，他一直就是宋恩的視覺記錄。他的畫也每年在皇家學院年展裡展出。

　　甘迪畫了完整的圓形大廳一週後，拿了第二幅給宋恩看，畫的是同一建築的廢墟。倫敦城忽然成了荒野，景象悽涼，就像黑暗時代的羅馬。猙獰的天空，襯托出支撐宋恩的圓頂的女柱像，她沉默看著正掠奪大理石燒成石灰的人群。年宋恩的銀行拆毀了，《時報》（The Times）裡的相片驚人地類似甘迪的想像，就連揮舞鶴嘴鋤的工人都像。正像過去，後世是戲劇性反諷的高手。

圖說：〈英格蘭銀行圓形大廳廢墟景〉（View of the Rotunda of the Bank of England in Ruins），喬塞夫·甘迪繪，1789年。約翰·宋恩的助理甘迪，想像當倫敦城成為荒野時英格蘭銀行的景象。

　　但這畫是爲什麼而畫？一直到三十年後宋恩退休了，它才在皇家學院展出。可能是受到大眾對新圓形大廳設計的批評所致；當然，廢墟表現了建築師的受迫害感。在一場宋恩缺席的建築師俱樂部晚餐上，有人大聲朗誦了一首匿名詩〈現代哥德人〉（*The Modern Goth*），嘲諷股票交易所的設計，贏得全場笑聲；譬如，他們形容宋恩在立面刻上抽象線條圖案的創新裝飾，是「割得像豬腰肉的壁柱」。宋恩告他們譭謗，卻遭到敗訴。他在《回憶錄》（*Memoirs*）裡說那事件是「一堆人聯合起來反對我」的證據，這群人──他宣稱──不斷迫害他，一直到他晚年。宋恩是第一位堅持要有明顯個人設計風格的英國建築師，也就是今天記者所謂的「簽名風格」。然而，宋恩這個例子的重點並不在推銷，而在浪漫派追求個人表現的信仰。

　　藝術家甘迪分享宋恩在建築上的前瞻作法，也一樣拒絕

妥協。可是他沒有僱主週旋顧客的本事，活得窮困，也死得窮困，經常要靠宋恩接濟才能養活子女。宋恩年紀越大，他委託甘迪畫的倫敦也越加奇幻，從肯新敦三角（Kensington Gore）到白廳（Whitehall），一連串的拱門、圓柱和宮殿，儼然是「新羅馬」。甘迪簡直就是宋恩性格的另一面：正像閣樓裡的多里安・葛雷的畫像[2]，他所以受到照顧，在於能維持他的贊助人專業上的理想。

1830年，甘迪畫了一幅英國有史以來最傑出的建築圖：整座英格蘭銀行複合建築廢墟的鳥瞰圖，為慶祝宋恩在做建築師四十五年後完成這複合建築而繪。在那段時期，銀行本身成了一座城，有鞏固的界牆，並穿插了設計成凱旋門式的大門。現在他退休了，告訴理事們這企劃是「我生命裡最滿意最值得誇耀的驕傲」。

可是為什麼以廢墟來表現他的生命呢？這是個謎。首先，這果真是廢墟嗎？很可能是一種叫「剪開立體比例」（a

2 Dorian Gray，十九世紀愛爾蘭劇作家和小說家王爾德的奇幻小說《葛雷的畫像》（*The Picture of Dorian Gray*），寫葛雷長保年輕英俊，而他的畫像卻逐漸老去的故事。

圖說：1830年，甘迪畫了一幅英國有史以來最傑出的建築圖：整座英格蘭銀行複合建築廢墟的鳥瞰圖。

cutaway axonometric）的新式畫，掀開建築的屋頂，露出裡面高明的設計和優良的建工。以丹尼爾·艾布冉森（Daniel Abramson）的話說：「結合了藍圖、斷面和高度——宋恩的整體成就都表現出來了：內部和外部、建工和裝飾、下層建築和上層建築，都像擺在桌上的模型，呈現在公眾面前。」讓宋恩尤其驕傲的，是那些設計來抵禦法國兵或英國革命軍的鞏固石牆。正如當時一位演講建築的人所說，那銀行是「既龐大又高貴，完全是以真正的磚、鐵和石所建。當倫敦陷落了（『而就如孟斐斯，倫敦也會陷落！』，出自《舊戲劇》〔Old Play〕），這棟建築連同壬（Wren）的建築和橋樑，將是唯一能展露它現在的偉大的殘存廢墟。」細看這畫，我們可以看出它的氣氛和先前畫的圓形大廳很不一樣：每支圓柱都直立，沒有一塊石頭殘破，而且除了州長花園裡的樹木，沒有半點猙獰的草木。整個地方就像個沙漠挖掘區一樣乾淨。如果未來的考古學家挖出了倫敦廢墟，他的對手約翰·納許在攝政公園裡以磚和灰泥大肆興建的脆弱陽臺會早就不在了，而銀行的斷壁殘垣仍將像那些古典式古物一樣懾人。

除了託人畫這些奇想外，宋恩還建了兩座人工廢墟：在倫敦旅社場（Inn Fields）的是哥德式，伊淩（Ealing）的鄉下別墅匹斯罕爾莊園（Pitshanger Manor）則是古典式。他四十七歲時，建了匹斯罕爾作為家人的鄉間休憩處。不過，這是他有意的選擇，帶了自傳的意味：他在建築師事務所裡的第一份工作，便是協助這棟老莊園宅第蓋新側翼，等他買下了這塊產業後，除了那新添的側翼，其餘都拆毀了。兩年後，他向新聞界宣佈：「最近有人在伊淩的匹斯罕爾莊園發現了一座非常古老的寺廟廢墟，我可以為那些古物迷這樣形

容」：廚房後是一棟柱廊建築的廢墟，帶了神龕，顯示可能是羅馬寺廟的所在，以及「在清理部份地面時，發現了一支大角，讓我斷定這寺廟供的是朱比特・安曼（Jupiter Ammon）。」

當然，廢墟是假的，而這手稿則是以古物迷經常投到《紳士雜誌》（*Gentleman's Magazine*）的那種風格拼貼而成。一座半圓形的柱廊和一座陷落的拱門正對廚房的後牆，中央是座堵死的大門，兩旁是刻了直槽的科林斯式圓柱。這些形式是古典建築的對句和四行詩，出自原文的部份引句，就像瓦特維爾（Wyattville）在維吉尼亞湖區的玩景。而且就像瓦特維爾，宋恩仰賴觀眾去想像這個地點曾埋在前幾世紀的瓦礫之下。然而單是這樣對宋恩來說就太簡單了。如果大門是在地面，為什麼圓柱埋得那麼深？他的巧妙在於，他選了靠近斯坡里托（Spoleto）的克里特納斯（Clitumnus）

圖說：宋恩的學生喬治・貝斯比畫的匹斯罕爾莊園廢墟，1810年。宋恩在伊凌的鄉村別墅裡建了一座古典式廢墟，然後假裝是他在興建廚房區是發現的羅馬神廟。下一圖可見廚房樓棟。

聖泉的神廟爲模型，這座神廟在羅馬建築裡有個獨特之處：大門在二樓的高度，通往「牧師或聖人用以對地下群眾發表訓誡或神喻」的陽臺。因此，掩埋的圓柱是地面那一層，而大門則是上面的陽臺。

1804年，一些朋友爲了伊凌的三天夏季市集來訪，宋恩趁機將這些「發現」展示給他們看，並邀他們就自己會如何重建藏在荊棘下的滾動殘骸提出見解。這是個在客廳玩的遊戲，後來宋恩承認「他有個用心，是嘲諷那些異想天開的建築師和古物迷，那些人一發現幾段圓柱，有時甚至只是幾顆石頭，就能從這麼零星一點材料想像出宏偉的建築來。」然而，他盛年時爲心靈遊戲而建的東西老來卻發展出了惡毒的一面。他原指望在匹斯罕爾創造的環境會激勵兩個青少年兒子成爲建築師，老大約翰將成爲宋恩王朝住在這裡的第一人。但十年後他自認失敗，賣掉了產業。老二約翰確實接受了建築師訓練，可是他懶散又欠缺熱情，一直都沒什麼作爲，最後在1823年死於肺結核。之後不久，宋恩碰巧路過伊凌，借機重訪匹斯罕爾。「唉，約翰，約翰，你的懶散代價何其之大！」那晚他在日記裡寫。事後看來，他的失望主要是在廢墟上。當約翰還在劍橋上大學時，「我建議他重整匹斯罕爾的廢墟，他似乎也相當願意，我巴巴以爲等他從大學回來，就可以見到他的草圖和想法。我的期望落空了。」不見草圖是他的兒子對建築不甚熱衷的第一個徵兆。我們只能揣測這一番演練的心理意義：然而，這仍是個謎，唯一的鑰匙鎖在他父親心裡。

匹斯罕爾的新主人拆掉了廢墟，改建成煤倉。故事最後還有個尾巴，1835年，宋恩死前兩年，他出版了一本自己的產業畫冊，在裡面假裝那些地點經過挖掘，露出鑲嵌的地

面和殘破雕像。既然他的玩景不在了，他可以就原本在廚房後面的部份再做增添，加上圓柱、甕和浮雕。這些添加物是從房屋本身的外表抄來的，讓我們不免猜想他是否將先前的住家看成了廢墟。宋恩將那外表設計成一名建築師和鑑賞家在事業顛峰的「圖像，也半是自畫像」。這些三十年後的畫，是否便是以廢墟爲自畫像呢？

宋恩建的第二座人工廢墟留存了下來，在林肯旅客場的美術館後院。「僧侶的院子」（Monk's Yard）是倫敦數一數二的怪地方：一座哥德式寺廟兼墳墓連接到僧侶的客廳和內室，也就是兩間以鑲嵌玻璃照明並以哥德式紀念物裝飾的小房間。那空間次序，美術館的歷史學家海倫・朵瑞（Helen Dorey）曾描述爲「迷你哥德式小說」。她在導覽書裡寫宋恩假裝在爲新屋挖地基時發現了那座廢墟：中古時候，他解釋，這裡曾是一位叫帕椎・吉歐凡尼（Padre Giovanni）的僧侶的靜修處。其實，那廢墟是他以任職舊議院建築師時搶救下來的零星碎片組合成的。舊議院原本是中古的西敏宮（Palace of Westminster），後來毀於火災。迴廊的拱門來自上議院十三世紀的窗框，而那突出的陽篷曾遮蔽西敏廳（Westminster Hall）外牆壁龕裡的一座雕像。雖然廢墟建於1824年，宋恩沿襲了十八世紀的如畫傳統，將不同世紀的零零碎碎湊在一起製造舞台佈景；確實，他參觀過勒諾在巴黎的艾里榭花園。墓上刻了「嗚呼，可憐的凡妮！」，儼然帕椎・吉歐凡尼是因爲傷心才退隱靜修。然而凡妮是宋恩夫人心愛的狗，牠的小棺材還在僧侶的墓裡。宋恩在嘲諷當時對哥德風的狂熱，正如珍・奧斯汀在《諾桑覺寺》（*Northanger Abbey*）裡所寫的一般。然而他同時也隱藏了眞正的感傷。宋恩鍾愛的夫人伊莉莎兩年前死了，在他蓋了房

子以後，他獨身度過最後的二十年。帕椎·吉歐凡尼是「約翰神父」（Father John），而那密室裡的隱士成了這年老孤獨的建築師的另一個自我。

宋恩最驚人的廢墟景象，在一份他取名《我的房屋歷史的粗略暗示》（*Crude Hints Towards the History of My House*）的手稿裡，宋恩想像未來有個古物迷翻檢他的房屋廢墟。《粗略暗示》從未出版，而且據說是建築史上最怪異的文件。手稿最後以一連串的驚嘆號結束，而且寫了三個日期——8月30日，9月7日和9月22日：是1812年夏林肯旅客場的新屋興建時，他在三次震怒下寫的。[3]

宋恩想像在他死後，他的房子裡住了律師，然後廢棄了。據說鬧鬼，好幾世紀都沒人進去，直到一位古物迷推開門。宋恩的文集裡每篇都是一串線索，關係建築的目的。「一隻奉獻的手和腳顯示這建築曾是神廟——阿曼神的角指明了是供奉朱比特的廟。」考古學家發現了現今仍立在美術館院子的朱比特神像和角形化石後寫道。然而：

> 形成柱廊的圓柱是特屬於修道院的那一型，而且這些圓柱是愛歐尼式或女式，合理的結論是這是座尼姑寺，而不是異教徒廟。獅身人像、半獅半鷲怪獸和羔羊將我們帶回了遠古——此外地窖那平頂天花板本身就非常埃及——

寫到這裡暫停了：那探索時斷時續。不久那個古物迷開始猜測這裡是不是「魔術師的居所」，以及一座醒目的雕像是「妖魔變成了大理石」，因為過於張狂而受懲罰。沒有台階，探頭下望井的深處，他想也許這裡是服事女灶神的處女（Vestal Virgins）活埋的地方。

3 參考《廢墟風景》（1999），裡面包括了《我的房屋歷史的粗略暗示》，由海倫·朵瑞騰抄並加詮釋。丹尼爾·亞柏松（Daniel Abramson）就〈銀行廢墟〉的討論引自他的博士論文 *The Building of the Bank of England* 1731-1833，Harvard，1993，頁425-429。就墳墓和後世間的關係，參考柏德勒（R. Bowdler）和武德爾德（C. Woodward）在 *Journal of the Society of Architectural Historians*，1999 裡的文章。

宋恩寫作當時那裡並沒有台階，因為十三號正在重建。那個夏季一連串的事故導致他的迫害情結復發，在他眼裡半完工成了半廢墟。事情真相的第一條線索，在於古物迷談到的一則傳聞，說宋恩的外牆設計如何觸犯了「純建築愛好人士」，以致「一位叫什麼的區域測量員……大膽投票特地反對這件設計。」宋恩指的是我們今天叫計劃爭議的事。他動手寫作前兩週，區域測量員來敲門，要他拆掉石陽臺，因為突出建築法規定的建築線是三呎三吋。宋恩拒絕，而且訴訟到高等法院。他勝訴了，同時他在皇家學院的建築講師職位卻被撤銷了。原來他在課堂上攻擊一位對手在柯芬花園（Convent Garden）的新歌劇院設計，而規定禁止教員在講課時批評同僚。宋恩的孤立感由那虛構古物迷的結論可見：林肯的旅社場的廢墟不是神廟、修道院或魔術師的洞窟，而是一個遭受迫害的藝術家的家，這藝術家「出於真誠提倡藝術興趣…卻招來了一窩足夠叮死超級壯漢的黃蜂。」他是否曾經──海倫‧朵瑞曾抄寫過那份手稿，她揣測──想見自己被活埋在地下墓窖裡？宋恩這樣結束初稿：

> 他看見青春朝氣枯萎了──美好前程完全破壞──蓬勃的性格消沉了──憂鬱，經常沉浸在積壓的惡意中而瀕臨瘋狂，他的敵人見到這情形──抓住時機──擊毀他的岩石，他就像許多前人一樣倒下來，然後大家公認他因心碎而死。

　　可是為什麼「心碎」？在最後一稿結尾，他的重心偏向子女的失敗上：

> 就表現所有人類期望的虛榮和嘲諷，這是一幅多可敬的圖畫──創立這地方的人衷心想像子女的子女

圖說：宋恩的胸像安據在他在林肯旅客場十三號的美術館圓頂空間中央，俯視毀滅暫時終止的景象。

寧法。中古地圖，顯示老城由城牆環繞，以及河流和泉水。

將會長住這裡，想像他打下了家業的基礎，將來會日漸壯大，培植出一個為國家增光的藝術家族——噢這些廢墟表現了怎樣的衰落——這件事變得太讓人傷心難以繼續——筆從我幾乎痳痺的手裡掉下。

　　心碎的原因是小兒子喬治，他的過失行為正好和宋恩的高等法院和皇家學院爭議同時發生。喬治比他哥哥多一點才華，可是不願做建築師。他決心要做劇作家，加入波西米亞劇團，經常向父母要錢。宋恩第三次拒絕給錢後，喬治進了負債者監獄。他從此不能原諒父親，三年後，1815年，他在倫敦一家《冠軍報》（The Champion）上寫了兩篇匿名文章攻擊「宋恩式」建築。當時伊萊莎・宋恩（Eliza Soane）正在生病，讀了文章後起身驚嘆：「這是喬治的手筆。我再也抬不起頭來了。他這一下會要了我的命。」六星期後她死了，然後有人揭露作者就是喬治。宋恩把喬治的《冠軍報》文章貼在黑板上陳列在屋裡。標籤是塊沉重木頭，就像俗話

說的粗鈍工具，刻了致命打擊，拜喬治‧宋恩之賜。

父子從此沒再說過話，這場爭執給宋恩爵士在林肯旅客場最後的二十二年蒙上了陰影。八十八歲時，經由議院法案他將房子和收藏捐給了政府。其中一個條款特別注明，館長得「盡力維持約翰‧宋恩爵士留下的原狀」。壁爐邊他的椅子沒動，壁爐臺上的鐘仍然滴答響，好似主人才剛出去不久。確實，星期天時，宋恩將房子開放給公眾，不難想見他躲在暗處聆聽訪客的低聲揣測；這是他得以偷聽身後裁判的機會。不過，「陰濕」的日子美術館不開門：它的神奇有賴藍色的地中海天空。

法案一通過，宋恩立刻在美術館圓頂廳放了一座自己的大理石胸像。那塑像——雕塑家保證，將像凱撒一樣威嚴——佔據舞台正中，確保他的遺贈世世永存。然而，環繞胸像的古典建築和雕塑的局部殘餘，不免給了它即刻就要毀滅之感——或者可能是毀滅暫時終止。脆弱和長存間的對比，顯示了創建人心中無法了結的對話：他沒有宗教信仰，因而將不朽的期望放在建築上。然而，建築卻又這樣脆弱…

我的心思不斷回到他在皇家學院給學生講課時，分析西西里的阿格里眞托[4]的希臘朱比特‧奧林匹亞（Jupiter Olympian）神廟那一刻。那多利克式圓柱是古代第二大圓柱，爲了說明它的腰圍尺寸，宋恩形容單人可以躺在凹槽裡。1779年冬，他是個拿獎學金的學生，和三位好友來到了阿格里眞托。那可能是他一生最快樂的時候了。圓柱散佈像倒臥塵埃的巨人，像斬斷的芹菜，當他逛累了，這瘦高青年便在凹槽裡擺平了休息。此後五十年，他的生命便是一場以遠古輝煌來衡量自我的英雄奮鬥。

4 Agrigento，西西里著名的希臘古城，以許多神廟著稱。

IX

奧茲曼迪亞斯情結

奧茲曼迪亞斯情結

1830年，對皇家學院的觀眾來說，宋恩的英國銀行廢墟畫正是倫敦末日的預言。因為，正如我們所見，遊歷廢墟的旅人不止想到過往的偉大，也想到自己社會的未來。巴比倫和孟斐斯，邁錫尼（Mycenae）和特洛伊，雅典、迦太基（Carthage）和羅馬：倫敦又怎能免？

和宋恩的銀行景物一起在皇家學院展覽的，是許多建築師的設計圖，那些設計一致提議將倫敦重建成一座像古羅馬的偉大城市。新古典風的華麗正適合這世界最富又最大、1815年滑鐵盧戰役戰勝國的都城。正是在打敗拿破崙之後的幾年間，納爾森[1]的圓柱在特拉法格廣場（Trafalgar Square）豎了起來，凱旋門在憲法丘（Constitution Hill）上站起，而一座化身為巨大裸體古典武士的威靈頓[2]青銅像在海德公園（Hyde Park）裡昂然而立。這新帝國的財富來自貿易和航海：英國銀行和皇家交易所（Royal Exchange）的設計雄偉可比羅馬議場，在許多建築師的設計圖裡，我們可見商人在以大理石柱廊、青銅雕像和龐大台階做裝飾的碼頭上，卸來自全球的貢品。在《金盞》（*The Golden Bowl*）1904）裡，亨利·詹姆斯的亞美利格王子（Prince Amerigo）想，逛龐德街（Bond Street）比任何考古教科書，都讓他更覺得接近母城帝國時代的輝煌，站在倫敦大橋（London Bridge）上看泰晤士河上來往船隻的景象，就好像臺伯河的現代復生。不過是在倫敦大橋殘破的橋拱上，我們遇見了那位預報未來劫難的紐西蘭人。當英國越來越認同古帝國的長處時，對於它的弊病是否會導致衰敗和沒落的懷疑也越來越深。

1 Nelson，1758-1805，英國海軍英雄，在特拉法格戰役中打敗拿破崙和西班牙聯軍，也因此重傷而死。譯註。

2 Wellington，1769-1852，英國將軍和政治家，領導英軍在滑鐵盧打敗拿破崙。屬於壓迫人民的輝格黨，後來成為首相，極不得人心，甚至引起暴動。譯註。

圖說：約翰・馬丁的《巴比倫失陷》，繪於1819年，十二年後又出版了版畫。1819年，這幅描繪聖經式毀滅的驚人畫作在倫敦展出時，吸引了幾千名觀眾，讓畫家得以還清債務。

3 有關約翰・馬丁重新想像巴比倫的畫，參考 Henrietta McCall，*Rediscovery and Aftermath in The Legacy of Mesopotamia*，Oxford，1998，pp.184-213。

4 Cyrus the Great，527B.C.？-？波斯皇帝，征服里底亞和巴比倫，建立波斯帝國。准許猶太人重建耶路撒冷。譯註。

5 King Belshazzar，《聖經舊約》〈但以理書〉5，巴比倫王尼布甲尼薩的兒子伯沙撒王就位後大宴賓客，豪飲狂歡，突然出現了一隻手在王宮粉牆上寫字，無人能解，最後太后建議請來智者但以理，才解開牆字之謎。伯沙撒將王位授給了但以理，當晚就遭到暗殺，大流士奪取了政權。譯註。

6 就宗教圖像在十八世紀的英國繼續盛行，泰瑞・費里曼（Terry Friedman）在發表於《建築歷史學家會議記錄》（*Prodeedings of the Symposium of the Society of Architectural Historians*）（1996）的〈十八世紀的災難版畫〉（*The Eighteenth-century Disaster Print*）裡，有清晰的表述。文中他探討時人對教堂毀於火災或結構上倒塌，都引用聖經來詮釋。

在林肯旅客場的股票交易所廢墟畫旁，宋恩掛了一幅約翰・馬丁（John Martin）的石板畫《巴比倫陷落》（*Fall of Babylon*），繪於1819年。[3]當年展出時，畫家四天售票收入達一千英磅，觀眾擠在那七呎長十一呎寬的畫前，觀賞那受詛咒的城市在西元前538年在大流士大帝[4]軍隊下陷落的情景。他們推擠到欄索前，欣賞嬪妃環繞的伯沙撒王[5]、大流士的象在街上鳴叫，以及烏雲後的巴別塔這些傳聞細節。馬丁對自己能結合聖經經文和最近的沙漠調查而精確重建景物相當自得，卻從未宣稱要以倫敦來比對巴比倫。但他的觀眾可毫不懷疑，何況在1857年的《最後審判》（*The Last Judgement*），他畫了蒸汽火車載著頭戴高帽子的旅客衝進上帝的火海，便幾乎形同承認了。[6]

馬丁的弟弟強納森（Jonathan）的比喻便一清二楚。他是個宗教狂熱份子，曾縱火燒約克教堂（York Minster），以此警告英國聖公會主教他們就要毀滅。他在1832年1月16

圖說：強納森‧馬丁的《倫敦陷落》，1832年。強納森是個宗教狂熱份子，他重畫了哥哥的宗教洪水畫，變成上帝對腐敗倫敦的報復。

法國大革命時期末世圖像再興，大衛‧賓曼（David Bindman）在〈英國末世〉（ *The English Apocalypse* ）裡有探討，收在大英美術館展覽目錄《末世》（The Apocalypse，1990）裡，法蘭西斯‧凱瑞（Frances Carey）編。

7 Nebuchadrezzar，《聖經舊約》〈但以理書〉2裡，尼布甲尼薩夢見一座巨像，金的頭，銀胸和臂，銅腰和臀，鐵腿，鐵和泥混合的腳。他正看時，一塊大石從山上滾下來，把雙腳砸碎了，整座像隨即粉碎飛散，大石卻變成大山，覆蓋了大地。

日的信裡寫：「你們這些瞎了眼的偽君子，地獄的蛇蝮，大酒大肉眼睛鼓出肥油的人。」六年後，他進了貝德蘭（Bedlam）監獄一直到死，在獄裡他以哥哥的版畫為本作了一張驚人的塗鴉之作。那畫改名為《可悲的倫敦失陷》（ *London's Sad Overthrow* ），我們看見法軍侵略英國，拿破崙騎白馬代替了大流士騎大象，地平線處西敏寺和聖保羅大教堂著火燃燒。天上有一頭獅子，而前景處主教們大肆狂歡。畫背面他仔細算清政府欠他的錢，還有神智不清的謾罵，來自尼布甲尼薩[7]所見的人身泥腿景象：

英格蘭單腿而立
還掉了一隻腳趾
結果沒法持久
因為異軍將侵略我們的土地

強納森・馬丁相信盡頭已近，因爲英國末世主義普遍復甦，又碰上自命古羅馬的風潮，1830年代是英國史上廢墟神經症的高峰期。此外，在1832年議會改革（Parliamentary Reform）前幾年，英國比內戰以來任何時候更接近暴力革命。在他賣了方特丘修道院後，年邁的威廉・貝克佛德在巴斯的山坡上蓋了第二座塔，選的是讓他想起羅馬坎帕尼亞的景色，那「亡者之地，處處廢墟」，他五十年前大環遊時遊歷過的地方。當上議院反對改革法案群眾因而暴動時，他從塔上就看得見布里斯托（Bristol）起火燃燒。「我不懷疑移民國外的過程，」這失望的盧梭和啓蒙之子寫。「逃離將來的憤怒聽起來就像我們在啓示錄裡讀到的可怕的喇叭聲。（首相）不斷繼續走下去——好像朝的是一片玫瑰，而不是朝廢墟和絕望的深淵走去。」

倫敦便是羅馬，是巴比倫。也是特洛伊。第一位以文字描述這小亞細亞城市廢墟的英國人是湯瑪斯・郭亞特，在《郭亞特粗略》（1611）裡。[8] 他是個來自瑟姆塞特（Somerset）的鄉下人，後來步行到了印度。在特洛伊他不止反省尼尼微和巴比倫，也反省現代倫敦。「你可能……在這些亂石堆裡觀察到世界往昔奢華最諷刺的例子……因爲通姦是導致這座城化成廢墟的主因」，而倫敦這新特洛伊，「就像古特洛伊一樣受到極度淫佚的腐化」。

特洛伊是世上最古老的旅遊景點，任何遺物都能讓遊客找到所尋的道德教訓。至於一直到十九世紀中葉，大家都錯把比較晚近的亞力山迪亞・特洛亞斯（Alexandria Troias）當成荷馬的英雄埋葬的平原，而在這個錯誤地點沉思，一點都不重要。儘管英國人喜歡「特洛伊轉瞬成田野」（I am seges est ubi Troia fuit）的感慨，朱利亞斯・凱撒和卡瑞卡拉

8 有關湯瑪斯・郭亞特（Thomas Coryate）和他的《郭亞特粗略》（Coryate's Crudities），參考麥克・斯特拉陳（Michael Strachan）的《湯瑪斯・郭亞特》（Oxford，1982）。就像麥考雷（1953），斯特拉陳討論就普萊安（Priam）的特洛伊和亞力山迪亞・特洛亞斯之間的混淆，因爲遠古地理學家如斯特拉柏不精確，和實際地點上缺乏任何可見殘蹟，這份誤解一直持續到十九世紀。朱里安在成爲皇帝前遊過特洛伊，他的所見所聞收在《朱里安皇帝作品集》（The Works of the Emperor Julian）裡，由威莫・凱夫・萊特（Wilmer Cave Wright）翻譯（Cambridge & London，1990）。

都向阿基里斯[9]的陵墓致敬；後者下令處死一名愛將，以扮演阿基里斯伏在朋友佩托克拉斯（Petroclus）屍身上哭泣的景象。四世紀時，在基督教已成國教後，背棄信仰的朱利安帝（Emperor Julian the Apostate）重建了崇拜海克特（Hector）和阿基里斯的異教神廟；宣稱那是古老信仰可以抵抗基督秘教的證據。奧圖曼皇帝征服者馬麥特（Emperor Mehmet the Conqueror）於1453年由拜占庭——希臘後人——攫取君士坦丁堡後，到特洛伊朝聖並對廢墟宣佈：「我已為汝復仇，亞細亞。」

以廢墟為政治象徵的，卻是馬麥特王（Sultan Mehmet）給了我們最出色的廢墟形象。他二十一歲就佔據了君士坦丁堡，1453年5月29日那天，星辰和月牙旗在城市上空升起，宣佈奧圖曼帝國史上最偉大的勝利。午後向晚他勝利進城，首要大事便是將聖·索非亞大教堂重歸為清真寺。馬麥特對城內建築充滿了尊崇，途中他特地轉到第一丘（First Hill）上，去瞻仰宏偉宮（Great Palace）的廢墟。這座宮殿原是君士坦丁大帝於第五世紀建立拜占庭時所建，自十三世紀為十字軍所毀後便一直殘敗下來。馬麥特背誦了波斯詩人薩迪（Saadi）的一組對句：

在凱撒宮中蜘蛛托住了帷帘
貓頭鷹在阿法薩伊塔（Towers of Afrasaib）上發出
夜梟聲

那是個驚心的時刻，讓人佇足沉思帝國的脆弱。在奧圖曼史上最風光的時刻，火在被掠的城市裡焚燒，女人尖叫，千年寶藏等人拿取。今天偉大宮殿幾乎沒什麼殘留了。狹地的一

9 Achillies，希臘神話人物。在荷馬的史詩《伊里亞德》裡，他隨希臘軍隊攻打特洛伊，殺了特洛伊的英雄海克特，後來又為海克特的弟弟帕里斯（Paris）的箭射中腳後跟所殺——腳後跟是他全身唯一的弱點，所以有「阿基里斯的腳後跟」成語。譯註。

邊鐵軌彎向伊斯坦堡；另一邊是座防禦牆垣、一條六線道的公路，然後是海。庫德（Kurdish）難民居住的出租木屋通向五個裝飾剝盡的圓頂房間，門口一條垃圾場的狗吠叫咆哮，用力扯生銹的鐵鏈；我踮腳走過，因為在《只是威廉》[10]的故事裡那種鏈子總是斷掉。那天格外冷，拱門下遮蓋無家乞丐的塑膠布凍成了僵硬的紋。我朝寒風大喊馬麥特的話：

> 在凱撒宮中蜘蛛托住了帷帝
> 貓頭鷹在阿法薩伊塔上發出夜梟聲

狗叫，鏈響；沉寂。薩迪的對句寫於十一世紀。在中古時代的沙漠，馬麥特的搖籃，古老帝國的廢墟投下了長長的陰影。未來毀滅最早的預言在《舊約聖經》裡。早在大流士於西元前538年入侵前，先知耶利米（Jeremiah）便曾預言巴比倫會毀滅，而西番雅[11]則預言尼尼微會陷落。當西番雅勾繪那富裕繁華的大城毀滅時，他喚起了丟棄在美索布達米亞沙漠裡，甚至更古老文明的廢墟：

> 而祂（主）將伸手……毀滅亞述（Assyria）；讓尼尼微化成一片荒旱的曠野…鸕鶿和麻鴉將會在門楣高處築巢；牠們的歌聲在窗內吟唱；門內將是一片荒涼……這裡曾是縱情生活的靡樂之城，她心裡自以為是最偉大的城，沒人比得上：她怎麼荒廢了，變成一個野獸歇息的地方！每個過路的人都會嘲笑咒罵，而且搖手。

許多旅遊到中東的《聖經》讀者都喜歡這些聖經預言。確實，若亨利‧孟德爾（Henry Maundell）牧師1697年跋涉到

10 Just William，二十世紀英國作家里曲摩‧康普敦（Richmal Crompton）的系列小說《威廉》，寫鄉下人威廉‧布朗（William Brown）的冒險奇事，老少咸宜，風行達五十年，通稱《只是威廉》。譯註。

11 Zephaniah，《聖經舊約》裡的預言家，〈西番雅書〉2裡預言末日審判的景象。譯註。

泰爾卻發現那裡生機勃勃，必然要大失所望：

> 不過是一片破牆殘柱、圓頂等物，幾乎沒一棟完整
> 房子留下。現在主要住了一些可憐蟲，在地窖裡安
> 身，靠吃魚過活；上天恩德讓這些人在這裡苟活，
> 似乎正可見上帝已履踐了祂對泰爾的諾言，看，它
> 就像石頭上面，是漁人曬網的地方。

雖然西歐是基督教災禍和古老範例的交會點，要理解羅馬模式的政治必須知道它的兩面：共和國和帝國。譬如，湯瑪斯・傑佛遜（Thomas Jefferson）仰慕早期的羅馬共和國，法國革命人士也一樣（1790年生於法國的男嬰，「布魯特斯」[12]是最風行的名字）。但十八世紀的英國模式便比較複雜，議院和王室重演議政官和皇帝間的權力爭奪。輝格黨護衛議院在上一世紀贏取到的自由，恐懼王室意欲重歸專制，而不列顛人會容許它發生。爲什麼？因爲「奢侈」敗壞了道德：就像羅馬人民以自由換取麵包和馬戲，英國人要西端（West End）商店櫥窗裡展售奢侈品。拜倫在〈查爾德・哈洛德〉第四篇（*Canto IV*）裡，簡短道出了帝國本然循環的百年政治理論：

> 先是自由，然後是榮耀 —— 等那失敗了，
> 是財富 —— 惡習 —— 腐敗，—— 最後是野蠻。

詩裡最早的警告來自約翰・戴爾（John Dyer），在《羅馬廢墟》（*The Ruins of Rome*）（1740），當他爬上卡披特丘，想像在帝國鼎盛以前，建築和政治都單純公開的時候：

> 不列顛人，噢我的國人留心了

12 Brutus，羅馬執政官，羅馬共和國的創始人。譯註。

準備好，心理要有準備，羅馬人曾經自由，
勇敢，善良。

　　最早以建築形式來批判政治的，是柯班爵士（Lord Cobham）1730年於斯托（Stowe）的花園裡所建的人工廢墟。[13]他的現代美德廟廢墟，隔一片林間空地正對完整的古美德廟。現代美德廟早已拆毀，而古美德廟以結實石材建成鞏固的圓筒，仍然矗立。這將兩座對立廟宇並置於同一視框裡的構想，出於喬塞夫・艾迪生（Joseph Addison）在《觀察家報》上一篇文章的啟發。他描述一場寓言似的伊利生樂園[14]之夢。「大路筆直，終點是美德廟。兩旁種了桂樹，間雜大理石勝利紀念碑、雕刻的石柱，和立法者、英雄、政治家、哲學家和詩人的雕像。」接下來，艾迪生寫，他發現了第二座廟，它的石頭「堆在一起，沒用水泥……風一吹，整個結構就搖搖晃晃。這座叫虛榮廟……裡面滿是偽君子、賣弄學問者、自由思想者，和大言不休的政客。」

　　現代廢墟裡放了一尊無頭雕像，據說是首相，羅柏特・沃爾坡爵士（Sir Robert Walpole）。柯班和他本是盟友，直到1733年，因稅收意見不合成了對頭。這些花園都開放給公眾；就好似《私家偵探》（Private Eye）在喬西花展（Chelsea Flower Show）上有個花園。這些花園邀請觀眾比較現代英國的敗德，和古典式骨董的正直美德。沃爾坡那謀利但不道德的寡頭政治，將是英國奢靡的開端，由腐化、道德淪喪到最後不免導向糜爛、墮落和蠻族入侵。

　　在那個世紀，認同羅馬美德與反省惡習攜手並進。1763年，打贏了七年戰爭後，那些贏得美洲和印度新帝國的將軍們，成了畫上身著長袍和羅馬護胸甲的形象，皇家藝

13 斯托的現代和古代美德神廟與喬塞夫・艾迪森的夢間的關係，在喬治・克拉克（George Clarke）的〈希臘式品味和哥德式美德〉（Grecian Taste and Gothic Virtue）裡有探討，發表於《阿波羅》（Apollo）（1973），頁568-569。關於查爾芒特就衛城所言，參考《查爾芒特爵士旅遊希臘和土耳其》（Travels of Lord Charlemont in Greece and Turkey）（1749），由史丹佛（W. B. Stanford）和費納坡勒斯（E. J. Finopoulos）編輯（1984），頁134-135。他的傳記則是由辛蒂亞・奧康納（Cynthis O'Connor）所著，（Cork, 1999）。

14 Elysian Fields，希臘神話裡的樂園。譯註。

術學院因此成立。約翰・袞（John Gwynn）是其中一名發起人，他的〈改良的倫敦和西敏寺〉（*London and Westminster Improved*）（1766），是將倫敦改建成如羅馬的古典都市的愛國藍圖，裡面的言詞直到五十年後，仍在宋恩、納許和他們學徒的設計中迴響。對袞來說，「現在的英國就像舊時的羅馬，以強盛富足顯赫，在貿易和航海上超過所有國家。我們的智慧得到尊敬，我們的法律讓人羨慕，而我們支配的領域及於全球大半。」

在勝利帶來的和平下，愛德華・吉朋（Edward Gibbon）因而得以旅遊到羅馬。「便是1764年10月15日，在羅馬，當我坐在卡披特廢墟中，赤足修道士在朱比特神廟唱晚禱詞時，我興起了寫這座城市衰亡的念頭。」許多神廟改建成了教堂，朱比特神廟也是，而正是這兩種文明並列——不是一塵不染的古典紀念碑——激起了他知性的好奇。在《羅馬帝國衰亡史》結尾，他所寫的不啻於描畫當帝國靡爛時豎立的一支列柱：

> 羅馬帝國的衰落是漫無節制必然的結果。後代腐敗更甚，征服也帶來了更多的毀滅因素，一旦時間和意外移走了人工扶持，這尨龐大布料便給自己的重量壓垮了。

《衰亡史》討論的是歐洲的過去、現在和未來。它不止是一部探討政治的書，也是探討人性的史詩，文學批評家哈洛德・龐德（Harold Bond）認為：「這是一部十八世紀的俗世文章，可媲美《失樂園》。」在吉朋看來，羅馬人民為了豪華拋棄自由，因而錯失了實現人類全面尊嚴的機會，不過十八世紀的歐洲有了實踐的二度機會。「在自由溫和慷慨

的影響下,羅馬帝國可能維持不滅和永恆。」可是羅馬由內部敗壞,有無蠻族入侵都會衰亡;就像腐朽的樹,只要一點風就倒了。

《衰亡史》只有頭三分之一講古代羅馬的故事。吉朋的故事以現代旅人遊歷羅馬受到感召結束;確實,再度發現廢墟可視為一種救贖。吉朋寫道,我們時代的歐洲,比從前任何時候都更富足、更有學識、更安定;像佛尼公爵在《廢墟》裡寫的,他代表了啟蒙思想的樂觀主義,認為有可能打破上升、衰退和淪亡的循環。他也預測了快樂的結局。「然而,四千年的經驗應該擴展我們的希望,減低我們的憂慮;我們無法預測人類在通往完美的路上究竟能到達怎樣的高峰:但可以穩妥假設,除非人性改變,否則沒有人會再跌回原始的野蠻裡去。」雖然他語氣謹慎,議論也很中肯,《衰亡史》的樂觀在所有書裡卻幾乎無可倫比——從後見來看,這也正是最讓人傷心的。最後一冊於1788年出版,等1794年吉朋逝世,法國大革命煽動性的野蠻已將「自由」變成了血腥的嘲諷。

然而,正如賀瑞斯·沃爾坡[15]在兩封有名的信裡所說,美國獨立戰爭(1775-1783)是對英帝國與日俱增的自信的第一個打擊。1778年9月他寫信給朋友說:「我們的帝國正片片碎落;我們正跌回到一個小島。」四年前他就曾想到:

> 下個文學黃金時代[16]將在大西洋彼岸出現。也許,波士頓將會有個修斯提底斯(Thucydides),紐約有個芝諾芬(Xenophon),而遲早,在墨西哥會有個維吉爾(Virgil),秘魯有個牛頓。最後,某位好奇的旅人會從利馬(Lima)來到英格蘭,描述聖保羅大教堂廢墟,就好像描述巴爾貝克和帕爾麥拉。[17]

15 Horace Walpole,1717-1797,英國歷史學家和作家,他的《回憶錄》精確記錄了他的年代。

16 Augustan Age,奧古斯都統治下的拉丁文學全盛時期,後引伸為文學全盛期。

17 沃爾坡從佛羅倫斯給賀瑞斯·曼的信,寫於1774年11月24日。吉朋所言,參考哈洛德·龐德的《艾德華·吉朋的文學藝術》(*The Literary Art of Edward Gibbon*)(Oxford,1960)。羅夫·威里特(Ralph Willett)出版了《就多塞特郡的摩里圖書館的描述》(*A Description of the Library at Merly in the County of Dorset*)(1785),是提姆·諾克斯指出失落的奇特之處(《阿波羅》,7月,2000)。

對1749年遊歷雅典的愛爾蘭人，查爾芒特爵士（Lord Charlemont），希臘廢墟同樣展示了獨裁壓倒自由的教訓，更鮮明的是，在土耳其統治下，佩里克斯（Pericles）城最後只剩下幾千人。最可悲的是希臘人格的墮落：他們傲慢狡黠，在暴君統治下又變得女性化了；他們不像義大利人，未曾產生米開朗基羅，沒有古精神復甦的跡象。查爾芒特在札記裡沉思那可憎的陋室：

> 這就是有名的雅典嗎？設若我們假設，假以時日，
> 倫敦、迦太基、孟斐斯，當今世界的雅典，都不免
> 淪落到這般下場，而旅人，可能來自美國（他用的
> 斜體字），前來參觀那些廢墟，將多讓人感傷。

查爾芒特的札記從沒出版，但我們知道好幾次他藉後見之助重新修改原稿。在他看來，大英帝國衰落始於1761年老皮特（Pitt）辭職時，他在札記裡寫：「她衰落了！」他在馬里諾（Marino）修建都柏林外的別墅卡西諾（Casino）時，地基石上有一塊黃銅板，獻給威廉·皮特[19]的治績：「正當大英帝國輝煌鼎盛時」。這點沒法證實，但我懷疑查爾芒特是否在美國獨立革命後才加入這些有先見的話。

　　就這主題表現得最好的圖畫，在多塞特（Dorset）圖書館的一本版畫集裡，由圖書館的建築商羅夫·威里特（Ralph Willett）於1785年出版。威里特是個商人、書籍收藏家和古物協會會員。圖書館入口門上是幅衛城油畫，描畫當雅典自由富裕時，哲學家在巴特農神殿台階上討論，而貿易船隻在港口卸貨的景象。出口的門上是雅典廢墟，一根回教尖塔高據地平線，神殿破敗的台階上一位婦人在乞討，港

18 William Pitt，1759-1806，英國政治家，又稱小皮特，1783年成為英國首相，在任八年，許多人認為他是英國史上最偉大的首相。

圖說：〈雅典廢墟景〉（*Athens in its State of Ruins*），根據一幅所羅門·迪蘭（Solomon Delane）失落的油畫鏤刻的版畫，一七八五年。英國旅客發現一座由野蠻土耳其人統治的荒城，思考以奢侈換取自由的後果。

口空空。在土耳其人爲了石灰而劈裂大理石雕像時，三名英國旅客——像查爾芒特——思索這景象的教訓。威里特在一旁加上：「但願第一幅畫是偉大的英國，長久，非常長久；而之後，若果眞發生，但願第二幅畫絲毫不像她敗落的景象！」[19]

　　由於視巴斯底失陷爲宣佈審判日已近的《啓示錄》裡的徵兆，法國大革命讓十八世紀潛伏的末世主義復甦了。倫敦貧民窟裡，末世派牧師里查·布拉德爾斯（Richard Brothers）如雷高喊，說只有照他本人的指導徹底懺悔，才能讓上帝改變心意，不摧毀這「精神上的巴比倫」。這革命也砸碎了所有政治上的信念。拿破崙拆毀的君王體制，1815 年維也納國會的得勝者又重建了，然那修補功夫顯然十分拙劣。歐洲全體，根據沈克（Schenk）教授的巨作《歐洲浪漫主義的心靈》（*The Mind of European Romanticism*），自中古世紀晚期以來，末世幻想空前強烈。他引用了神秘德國作家費茨爾

19 在里查·威爾森引發爭議的提特畫廊展覽的目錄，頁 217-218 裡，大衛·索爾金（David Solkin）辯說威爾森的樂園風景畫是由保守地主所訂製，他們想要藉此展現廢墟是貿易和「奢華」增加必然的結果。這誠然不錯，但也可以說像羅夫·威里特這樣重商的人，同時利用同樣的廢墟來證明反面的爭點。

（F. G. Wetzel）的預言：「歐洲會失去光明，到處是斷壁殘垣，鬼怪將齊集於沙漠中，這片樂園將在洪水和烈火中消滅。」[20]一位更神秘的德國作家史立克特果（Schlichtegroll）在1818年建議，將全部歐洲文化遷移到冰島，那地方好像處於深凍中，可能免於劫難而得到保存。

在倫敦，托利黨政府正試圖抵抗改革要求，如我們先前所見，政治衝突便是催化劑，引發了分歧如貝德蘭的強納森·馬丁和巴斯的威廉·貝克佛德等末世人士的恐懼。復辟的波旁王朝派遣的法國大使夏特布里昂，在和總理利物浦爵士（Lord Liverpool）晚餐時，「讚美英國君主政府穩固，能在自由和權力的擺盪間保持均衡。」可是利物浦爵士帶著懷疑：高舉並伸展雙臂，這可敬的貴族「指著城市說：『擁有這些巨大城鎮能給人什麼安全感？只要倫敦一場大暴動，一切就沒了。』」總理的憂心激起了夏特布里昂當晚的神思。「似乎，我的英國之旅，會像我早年遊歷雅典、耶路撒冷、孟斐斯和迦太基廢墟時那樣結束。」他在1790年代，以移民流亡者身份遊歷的英格蘭是「既迷人又可怕」，有「狹窄的石頭路，滿是牛群的山谷，散佈羊群的野地」，湯瑪斯·葛雷[21]鄉村墓地的塔尖高高俯視。三十年後

> 她的山谷為煉鐵場和工廠的煙染黑了……知識溫床的牛津和劍橋已露出荒涼面貌：學院和哥德式教堂半遭遺棄，看了傷眼；迴廊裡，靠近中古時期的墓石，古希臘人的大理石年譜躺在那裡，已被遺忘：廢墟守護廢墟。

這普遍的絕望之情正是〈紐西蘭人〉的背景。紐西蘭人是湯瑪斯·麥考雷[22]在一篇書評（1840）裡捏造的，但很快就受

20 沈克在《歐洲浪漫派的心靈》（1966，頁30-45）裡，探討滑鐵盧戰後歐洲對未來毀滅的擔憂，是他提出正是在這一時期「那種不安這樣普遍」。費次爾預見到的妖魔景象，在1806年的《魔鏡》（*Magischer Spiegel*），而保加利亞學者史立克特果就冰島所說的話則出於艾特邦（Atterborm）的記錄。大衛·斯克爾敦（David Skilton）教授曾在信裡提到，我們可以在十八、十九世紀英國的政治變動和廢墟想像間找出關聯，他這理論將會出版。

21 Thomas Gray，1716-1771，英國詩人和有名的書信作家，是英國浪漫運動的前驅。

到一小批人歡迎，正如後來多雷的版畫所代表的。然而最驚人的毀滅預言，是瑪莉‧雪萊（Mary Shelley）的小說《最後一人》（*The Last Man*）（1826）。她寫這本小說時已是寡婦，想像一場神秘瘟疫滅絕了所有已知世界裡的人。雪萊的小說預言遙遠未來，假裝她將寫在散布的葉片和樹皮上的話拼了起來；那些葉片和樹皮是1818年冬，她和丈夫在那不勒斯一座沒人探索過的庫敏‧西柏[23]山洞深處發現的，就在他們返回羅馬和《普羅米修斯釋放記》開始不久前。她的英國哲學家國王艾哲恩（Adrian）是以雪萊為藍本，他的武士朋友雷蒙（Raymond）則是拜倫——也已死於1826年前。敘述者來諾‧法爾尼（Lionel Verney），是艾哲恩的隨從，他們離開生命滅絕的島嶼前往大陸去尋找倖存者。倫敦沉寂的街道上長滿了草，空無馬車，「鳥類和無家的家畜，在奉獻處所築巢造窩」。法爾尼對這偉大城市的最後一瞥，是無煙空氣裡聖保羅的圓頂；那大教堂看來像座陵寢，「在我看來門廊上刻的簡直就是英國的墓誌銘」。

　　艾哲恩和來諾到了威尼斯後，瑪莉‧雪萊的描述寫的是一場經過了大幅渲染的記憶：那年冬，她和丈夫、拜倫在那荒涼的城裡快樂流連。「潮水從破損的港口肅然起伏，侵入威尼斯的大廳：海草和海怪留在了發黑的大理石上，鹽份摧毀了裝飾牆壁的絕世藝術，海鷗從破裂的窗戶飛出……大自然施展她的威力。」在一場海難後，來諾在亞得里亞海（Adriatic）岸邊醒來，發現自己成了「最後一人」。而除了往世界之都、時間的寡婦、「人類成就的冠冕」外，這最後一名活人該到哪裡去呢？他在經過的荒鎮牆上寫下「法爾尼，英國最後一人，定居羅馬」。

　　除了噴泉和回到議場的牛群，城裡寂靜無聲。他在梵諦

22 Thomas Macaulay，1800-1859，英國政治家、詩人、歷史學家、散文家、傳記作家和書評家，以歷史著作和散文知名。

23 Cumaean Sibyl，埃及、希臘、義大利古代傳說裡能預言未來的女祭司。

崗、宮殿和議場間穿梭，人類成就的偉大景象給他帶來了安慰，可是一到晚上，他便在全然寂寞中崩潰了。他寧願以任何一幅藝術傑作來換取人類友伴的話語。「我一個人在議場；一個人在羅馬；一個人在這世上。」他爬上聖彼得大教堂的圓頂環視卡帕尼亞，期望會有餘生者受到永恆之城的吸引。可是荒涼中無人出現，所以在西元2100年初，他將《最後一人》手稿放在廢墟裡，然後駕船順臺伯河而下，往別處尋找新生命去了。

法爾尼航向大西洋。而在這絕望時期新世界是怎樣呢？夏特布里昂自己在流亡期間曾到過那裡的處女林探險，它是否逃過了他所描寫的「歐洲的腐朽」呢？有一天我從倫敦搭火車，和三名加利福尼亞人同桌，我猜想他們是出差到瑞丁（Reading）的商業園區去為自己的科技公司做展示。他們高大寬肩，大約四十上下，友善而又風趣。我在筆記簿上寫「美國在廢墟中」。這群人的領頭瞄了一眼，然後狠狠直盯我的眼睛，好像在考量這到底是不是侮辱。早上七點和這晒深膚色身穿布魯克兄弟牌襯衫的男人面對面，我確實覺得像「歐洲的腐朽」。可是這裡有個重大問題。自1784年獨立戰爭後，世代以來的美國人覺得他們的國家是上帝選民，而新世界可免於腐朽，好似傳染病原無法跨越大西洋。

湯瑪斯・傑佛遜研究紀念碑，而不是廢墟。他在維吉尼亞州的瑞區芒德（Richmond）建州議會廳（Capital）時，委託查爾斯・路易斯・克里梭模仿西元一世紀時羅馬人在尼姆斯（Nimes）修建的神廟，作了個一模一樣的複製品。渡過大西洋的不是腐石的即興之作，而是展現當初完美結構的石灰模型。簽署獨立宣言的眾英雄是共和國下強壯誠實的羅馬人，而不是皇帝治下的腐敗臣子。可是接下來的世代呢？到

了1820年代，萊曼・畢契爾（Lyman Beecher）和安德魯・白治婁（Andrew Bigelow）牧師在紐約講臺上大聲疾呼，反對「所有共和國的毀滅之源：奢華」。這是美國劫難派的開始，也是懷疑的因子，後來成為《浩劫餘生》裡倒塌的自由女神像，是對核子浩劫的警告，二十世紀裡最驚心的景象。[24]

　　第一位描繪美國荒野的偉大畫家是湯瑪斯・寇（Thomas Cole）。他是英國人，生於蘭開廈，1818年十七歲時移民到美國。十年後，他以描繪卡斯科爾山（Catskills）和赫德遜河的巨幅油畫受到推崇，他畫的雄偉樹木和驚人峽谷，捕捉到了當人面對大自然而倒吸一口氣的那個片刻。大自然是上帝所造，而美國人是開發那偉大的選民。

　　寇於1832年到義大利旅遊。他寫：「如果一個旅人沒從這些景象得到一些道德教訓或宗教真理，就辜負了他的特權，忘記了他的職責。」說出了當時大家視為當然而今天已經遺忘的話。他在羅馬的第一個道德教訓是「現代歐洲的女性化」，那時挖掘議場已經開始，在廢墟挖土的工人正是女性化的象徵。想到他們的英雄祖先建立了這些現在似乎堅不可摧的龐大建築，那些瘠瘦懶惰的鏟土工人的遲緩更加驚人。寇告訴父母：「看到現代羅馬工人做工，你會笑出來。」對照家鄉工人，「他們的獨輪手推車就像一把堆滿的鏟子那麼大，推了十碼就得休息，如果一團土有拳頭那麼大，他們要先打散了才動手去抬。」

　　對一個年輕力壯的美國人，他們代表了歐洲的老朽。意義更深刻的是，就在那裡——正如吉朋，和在帕爾麥拉的佛爾尼——他覺悟到帝國的週期本質。黃昏時剛好有一隊美國人在勘查議場。「一位在場的朋友回憶說，他先開口了，對他那可是大不尋常。談的是帝國的未來……直到他以一幅類

24 有關美國：參考馬修・貝傑爾（Mathew Baigell）的《湯瑪斯・寇》（紐約，1981），他提出美國劫難派（American School of Catastrophe）的說法，由萊曼和白治婁（Bigelow）為代表，而寇的朋友威廉・克倫・布萊恩特（William Cullen Bryant）的詩〈年代〉（The Ages）和〈地球〉影射美國毀滅。寇就〈帝國過程〉的看法記在路易斯・里葛然德・諾柏（Louis Legrand Noble）寫於十九世紀的傳記裡，1964年哈佛出版社重印。寇從沒畫過紐約，最近大都會美術館探討紐約自視為帝國城市的展覽《藝術和帝國背景》（Art and the Empire Setting）裡，提出了這顯然之點。展覽目錄由凱薩琳・佛桑爾（Catherine Voorsanger）和約翰・郝瓦特（John K. Howat）編輯（紐約，2000）。

似當時週圍的蒼涼景象結束爲止。這就是寇，詩人藝術家，在羅馬……」回到紐約以後，一位叫魯曼‧瑞德（Luman Reed）的富人，請他以那主題爲他的紐約公寓畫五大幅油畫。〈帝國歷程〉（*Course of Empire*）以一座黎明時分只有野獸居住的森林海邊開始；第二幅描繪一片美好田園風光，獵人、牧羊人和農人砍樹準備種玉米，並搭起第一批茅屋。中午時，我們看見帝國正輝煌奪目，城裡有青銅像和大理石柱廊，藍色海港裡是貿易船隻，還有一支凱旋的軍隊穿過景物。然後是毀滅，以寇的話說，「高塔倒塌，拱門陷落，船

隻毀於港口」。這幅是以約翰‧馬丁《巴比倫陷落》的手法畫成，腐敗的民眾逃離劇烈風暴、火焰和復仇的軍隊。故事以黃昏的「荒涼廢墟」結束，荒廢的柱廊再度爲大自然所接收，回歸成一片荒野的海邊。沒有人影，唯一的聲音屬於一隻孤獨的鳥。「這幅畫想必就像爲逝去的偉大而響的喪鐘。」寇告訴僱主。「也許可以叫做荒涼情境。」

　　這景象回應了羅馬的那個落日。在寇看來，美國正立於從開荒的晨間到了帝國輝煌正午的轉捩點上；也許可說這時是早午餐（brunch），是紐約人開始改變的時候了。寇是衛理公會教徒（Methodist），已經對美國夢的陰暗面感到失望，而且除了見到城裡日漸的「奢華」，木坊和工廠濫用荒野也讓他不安。1830 年晚期，一條鐵道經過他於卡特斯克爾山的夏季住屋下的谷地，破壞了那片因寇而出名的天然美景；在一幅現今由大都會美術館收藏的油畫裡，他重新畫出了那幅景致，根本無視鐵道。那明麗的河流和草野現在更加鮮艷了，因爲寇已經放棄了美國人是上帝選民的夢想，而退回到想像中的黃金過去。1832 年，他搭船駛向歐洲時，口袋裡是一本艾許爾‧杜蘭（Asher Durand）獻給他的一首

詩，杜蘭在詩裡哀悼寇在畫裡歌頌的荒野。那詩懇求寇不要
染上歐洲的廢墟病，可是寇既不是第一個也不是最後一個染
上舊時傳染病的遊客。

　　第一位研究希臘廢墟的美國公民，是來自費城的十九歲
學者，尼可拉斯・彼多（Nicholas Biddle）。他生於1785
年，獨立後第二年，身為新英格蘭數一數二的世家後裔，就
像今天的網球手，他受到精心栽培，以便達成國家使命。他
到了歐洲，毫不懷疑美國的優越；宣稱祖國的「後起人民」
是世上最優秀的人。是雅典的紀念碑讓彼多決心成為政治
家，因為它們展示了在一個人們受到教育又自由的社會裡，
經由爭辯所可獲致的成就。他相信，是雄辯建立了這些大理
石神廟。我想像彼多清瘦年輕穿著麻質西裝，沉思巴特農神
殿；如果我們從眩目的大理石轉向他，當可以在他眼裡看見
新世界的森林、農場和城鎮。

　　一個十九歲的人對一個考古地點的看法，單就它本身並
沒什麼價值；有趣的是如何應用到未來的美國。彼多對現代
歐洲並無興趣，那裡的城市受到專制宮殿的「傲慢眼光」壓
迫。「現今世代的人比較文明、比較開明，勝過任何那些一
代傳過一代的剝削者…若我不算偏心，賓夕凡尼亞未來的人
將會像任何『歐洲人』一樣好。」到了義大利他看見現代墮
落的羅馬人，勉強「以豪華鋪張來隱藏國家已失去的原有優
點」。雅典人甚至更糟，然而不知為什麼，那城市的毀滅對
一個美國人而言反而更具啓發：

　　　在羅馬時我們覺得既是傷感又是讚嘆，而雅典則顯
　　　出完全的荒涼和絕望……羅馬是薄暮，雅典則是廢
　　　墟的黑夜……雅典宗教已永久失落。那些不但抵禦
　　　過野蠻人大舉征服還承受過風吹雨打的神廟，現今

在無知或無謂的好奇下破敗了，而在異教最神聖的地點上土耳其清真寺高舉它孤獨的尖塔（了無形狀的柱子），嘲笑希臘藝術的優雅並宣揚新宗教的勝利。

他於1806年給弟弟的信裡這樣寫，指的是建在巴特農神殿裡的清真寺和尖塔。

她那些曾經熱鬧的劇院荒廢了……她的人民呢？這幾個比他們粗心趕過廢墟的動物也好不了多少的可憐蟲，就是那些雅典人嗎？她的自由呢？啊！這一刀最利了。在殘暴的壓迫下低頭，雅典精神在奴役中萎縮了……皮瑞斯（Piraeus）海中的一艘孤帆道出了雅典的辛酸故事。因此，藉由蒐集偉大和腐朽散佈的景象，我們對一個國家的不幸發生了興趣，也學到了惆悵但悅人的廢墟哲學。

在彼多的札記裡有種感覺——得說是種帶著困惑的感覺——發現殘破但潔淨的大理石碎片可以拿來做新社會的基石。然而，就在他做筆記時，艾爾金爵士的手下已經開始搬移山牆的大理石雕塑，以便運往倫敦。彼多大怒，但不是因為英國人搶了希臘：而是他們搶了美國。彼多要以古老雅典來啟發他的世代，寧願它們留在原地以供未來美國人習取相同的道德教訓。

可惜，彼多未能實現理想。他成了美國銀行總裁，但從沒當上國家總統，而且他開明的聯邦思想受到安德魯‧傑克遜[25]煽惑群眾的言論所毀。他以引進復興希臘風格到美國銀行建築而留名，在費城街上人們稱他做「尼克希臘人」，從現代觀點這綽號聽來有點匪徒氣。在兩個方面，彼多讓希臘廢墟給騙了。首先，在政治上光是雄辯並不足夠。其次，也

25 Andrew Jackson，1767-1845，美國第七任總統，清寒出身，靠野心和手段做到美國總統，他競選時即是以「普通人的代表」做宣傳。在他任內大幅擴張了總統的權力。

比較隱微的是，他將雅典殘餘的紀念碑視為民主最後勝利的寫照。遊歷斯巴達時，那完全空曠的平原讓他振奮，因為軍事獨裁紀念碑的消失「給予了一位共和國人士傷感的快慰。我自己的國家是個有趣的對照，就此我想了很多。」

他沒預見的對照來自泰勒‧路易斯（Taylor Lewis）的《國家權利：古老希臘廢墟攝影》（*State Rights: A Photograph from the Ruins of Ancient Greece*），1865年出版，正是美國南北戰爭結束那年。這位北方人路易斯在史爾曼[26]軍隊經過喬治亞州時燒焦的城市間攝影，以歷史來為他的主張辯護。「上帝給了我們過去做鏡子……希臘所有的悲慘不幸」都可拿個別國家求自主的意願來解釋。彼多不但未能預見自己國家的命運，也誤讀了廢墟自身的語言。西元前五世紀時，歷史學家修西提底斯[27]已預見到彼多的到訪。斯巴達人「佔領了五分之二的伯羅奔尼撒（Peloponnese）」，他說，然這城市若「荒廢了，只剩下神廟和建築的基礎，等時日遷移，我想未來世代會發現難以相信這地方真的一度那麼強大……〔因為〕這城市並無規劃，不具格外宏偉的神廟或紀念碑」。斯巴達消失了，因為他的武士統治者對建築的華美不感興趣。然而，從另一方面來說，「若同樣情況發生在雅典，人們會根據所見推想這城市曾比它實際上更加強大。」雅典將會留存，修西提底斯爭論，不是因為比斯巴達偉大，而是因為它的統治者對建築比較有心。

紀念碑造成誤導，對後代人更加如此。靠近納佛納（Navona）廣場有一條巷子，裡面站了一尊古雕像截斷的頭和上身，綽號帕斯奎諾（Pasquino）。帕斯奎諾顯示了廢墟不說話；我們替它們說。從十六世紀以來，羅馬市民在雕像底座上釘了挖苦文章，「帕斯奎納德」（pasquinade）[28]因而

26 William Tecumesh Sherman，1820-1891，美國南北戰爭時的北軍統率，他的軍隊所過之處掃劫一空，他一路焚燒南方城市，尤其為南方人記恨。

27 Thucydides，西元前460-400，雅典歷史學家，是伯羅奔尼撒戰爭中的將軍，後來寫作《伯羅奔尼撒戰爭》，詳細客觀記錄雅典和斯巴達間的戰爭始末。

成了攻擊啓蒙運動的綽號。後來底座上刻了：

> 我可是大名鼎鼎的帕斯奎諾
> 我一用俗語或拉丁文構思
> 偉大的君王們就發抖
> 外國人和本國人都大吃一驚。

設若帕斯奎諾像阿波羅‧貝爾費爾德或奎里納[29]上的馴馬師那麼高尚、得意和自信，沒人會在他上面釘嘲諷的話。一旦他淪落傷殘了，我們便把話灌進他嘴裡。

將大萊普提斯廢墟運送到英國的船，也攜帶了一個從底比斯的神廟拉過沙漠而來的埃及王子巨岩頭部。我們現在知道那頭屬於拉美西斯（Ramases II）二世，可是1818年在大英美術館揭幕時，它叫「奧茲曼迪亞斯」（Ozmandias）。雪萊見到那淪落獨裁者的頭顱時，有感而寫下了絕世的十四行

28 pasquinade：指貼在公共場所的諷刺詩。
29 Quirinal，丘名，七座環繞羅馬山丘之一。

詩：

　　我遇見一位來自古國的旅人
　　他說：兩支巨大無身的石腿
　　立在沙漠中……一旁
　　半埋在沙地裡，躺了一張破臉，那皺起的眉
　　發皺的唇，和支配的冷笑，
　　分明顯示雕塑家的熱情
　　而熱情猶存，印在這些了無生命的東西上，
　　那嘲笑熱情的手上，以及餵養它的心上：
　　座基上並有這些字：
　　「我的名字是奧茲曼迪亞斯，王者之王；
　　且看我的功業，汝強者，絕望吧！」
　　除此無所存留。環繞
　　這巨大朽物，無垠而又光禿
　　孤獨平沙伸展遠去。

X

空中浮塵

空中浮塵

托雷多（Toledo）的艾爾卡薩（Alcazar），原是西班牙王宮，裡面有個時間凍結的小房間，就像哈維姍小姐的房子。莫斯卡多（Moscardo）上校的書房保持了 1936 年 7 月 23 日悲劇發生時的原狀。撕裂的壁紙從天花板垂下來，牆上滿是溢出石灰的子彈孔。房間中央是上校的書桌，桌上有一隻覆滿灰塵的黑色電話。遊客按鈕，電話就響三下。

> 路易斯‧莫斯卡多：爸爸！
> 莫斯科上校：什麼事，兒子？
> 路易斯：他們說你不投降的話就要把我槍斃。
> 莫斯卡多：那就把靈魂交給上帝，高呼西班牙萬歲！基督萬歲！然後死得像個英雄。

路易斯那時十六歲，是上校的獨子。「再見，爸爸，給你一個大吻。」他說──幾秒後，就給共和黨自衛隊槍斃了。

艾爾卡薩四百平方呎一大片都在托雷多山丘頂，和因葛里科[1]而出名的哥德式大天主堂塔尖共同聳立天際線。等內戰圍城結束，大天主堂依舊完整，而艾爾卡薩卻沒有了──被夷成了平地。1936 年夏，國家黨反叛民選的社會黨政府時，這座文藝復興時代城堡成了訓練實習兵的軍營。托雷多忠於政府，莫斯卡多上校發現自己和一千兩百名少年兵被幾千名自衛隊包圍，這些自衛隊在街上射殺修女和神父。圍城第三天，自衛隊發現了路易斯。便是那時他們的指揮官打電話到艾爾卡薩。

上校犧牲獨子的做法鼓起兵士忍受轟擊和飢餓的決心，每天當又一座文藝復興時代拱廊被炸毀，他們便退守到地窖更深處。這場就西班牙大主教教區之戰成了佛朗哥「聖戰」

1 El Greco，1541-1614，西班牙畫家，擅長畫肖像、聖人和宗教畫。

的重要象徵，他甚至分調前往馬德里的軍隊。圍城六十日後，托雷多再度收復，他的軍隊射殺或刺殺任何涉嫌幫助自衛隊的人。狹窄的陡街上血流成瀑。在今天平靜的城裡很難想像內戰當時的殘酷。在路易斯被槍決的廣場上，有攤販賣西班牙最可口的椰子糖，街上擠滿了葛里科朝聖團的遊客。[2]

戰後艾爾卡薩照原樣重建。佛朗哥最關心的是統一的表象，重建艾爾卡薩因此象徵了西班牙。前院裡，查爾斯五世摧毀代表異教的蛇的青銅像，再度回到了它原先被推翻的座上。在抵抗了少數共產黨人的叛逆後，西班牙再度以四百平方呎面對世界。國家裂痕隱然不見：正如那數以萬計，不是關在囚營裡，就是在馬德里西部山區，為建造國家黨烈士紀念堂而在地下勞役的共和黨人一樣隱不可見。

莫斯卡多犧牲獨子是這神話的中心。他的書房在殘留院子的一邊，彈痕累累，保存下來做神龕。唯一添加的是父子的全身肖像，及一塊大理石板，上面以二十種語言刻了上述的那場對話。英國父子互不親吻，因此在翻譯裡，那面對槍口的兒子聽來像在預備學校開學日的用詞：「我全心的愛，父親。」「給你我全心的愛。」

不解政治的人只看到父與子，眼睛濕濕的離開房間。而對西班牙人來說，這房間是個問題，是他們內戰的時間膠囊。無法知道年長遊客情感上究竟偏向哪方，只不過在1975年佛朗哥死後長大的人都避過這個房間：它讓人「毛骨悚然」。西班牙重返民主，是建立在「約定的遺忘」上，也就是大家協議掩飾過去。佛朗哥紀念碑沒有掀倒，但莫斯卡多的書房維持原狀。然而，重修這房間會造成太大爭議，因此這廢墟只是一週一次稍做清理，卻從未修理。壁紙剝落，石灰碎裂。莫斯卡多的犧牲的記憶化石，將消失在清潔

2 麥克・費明安（Michael Felmingham）和瑞格比・葛蘭姆（Rigby Graham）合著的《廢墟》（Ruins）（1972）最後一章，就戰時和戰後有非常好的材料。

婦的吸塵器裡。

莫斯卡多的書房提出了戰時廢墟的兩個問題。首先，如何永久保存毀滅的時刻：火焰悲劇的純粹、噤聲的沉寂、轟炸地的瓦礫，和輕輕落到衣服上以前懸浮在空中的塵灰雲。「灰塵懸浮空中／標明故事終結處」，艾略特在〈小基丁〉（Little Gidding）裡寫，二次世界大戰時他曾是空襲長。

其次，誰來決定什麼是這故事的教訓？托雷多迷人的神龕引吸引了一位英國社會主義者赫柏特‧如勒基‧蘇沃斯（Herbert Rutledge Southworth）去深究，1964年出版了《佛朗哥聖戰之謎》（The Myth of the Crusade of Franco）。他宣稱，路易斯‧莫斯卡多其實還在馬德里活得好好的。他的地址是卡斯提昂（Castellon）街四十八號。軍事勝利的紀念碑尤其容易騙人。譬如在古巴，卡斯楚起義的前奏是1953年攻擊聖地牙哥的孟卡達（Moncada）軍營。結果慘敗，他和游擊隊因此坐了五年牢。軍人政府將外面的彈孔以水泥填平，掩去記憶。等卡斯楚奪回政權，那牆再度受到機關槍掃射，然後當做革命聖廟加以保存。

歐洲在兩次世界大戰後有更大的問題。首先，也最重要的是，怎麼處理高爆破力的炮彈和子彈造成的瓦礫？是由和平時期的社會決定是否重建、替換或保存廢墟──或者是由統治者對社會意願所做的詮釋？第一次世界大戰後，丘吉爾提議保存伊普雷鎮[3]的焦黑殘骸，做紀念英國死者的露天紀念碑。然而那鎮重建了，一模一樣的宏偉中古布廳（Cloth Hall）說明了舊文化勝過最近的野蠻行徑。愛因斯坦曾為宣傳和平遊歷法國北部戰場，照片裡他在廢墟間宣佈全世界的年輕人都該看看瓦礫，這樣就不會從文學感染上對戰爭的浪漫遐想：「但願他們能見到我所見的。」他聲言。

3 Ypres，比利時城市，第一次世界大戰時西線上的戰場，四年大戰下來幾乎化成焦土

第二次世界大戰後，當然，爆炸力增強問題也就加倍。廣島重建了，但那紀念核爆的建築的圓形天花板設計成似乎懸浮在塌陷邊緣。在波蘭，歷史宮殿和教堂都照原樣一式傲然重建了，因爲納粹是有計劃地轟炸波蘭建築遺產，目的在徹底毀滅她的文化。相反，俄國人是盟軍戰勝國裡唯一以敵人的廢墟爲傲的。官方藝術家戴內卡（Deinecka）畫了一架光亮凜然的轟炸機，1945 年飛過德國國會大廈的焦黑殘骸，從機窗裡可見一方紅旗飄動。在柏林，新共產政府破壞了舒勒‧徐洛斯（Schluler Schloss），這裡是普魯士王的居所，因此是帝國強權的象徵。然而，支撐陽臺的部份狹長牆壁保留下來了，1917 年時，羅莎‧盧森堡（Rosa Luxemburg）曾從那裡宣佈短命的德國社會主義共和國成立。單單歐洲本身就有一百多個例子，然而儘管每個人的悲劇獨一無二，建築表達的多多少少都不離殘破和完整間的對話。

也許最具啓示的例子是德勒斯登（Dresden）的馮恩克許（Frauenkirche）或聖女教堂。歌德曾爬進這巴洛克傑作的圓頂，俯瞰號稱德國最美的城市。1945 年 2 月 13 日和 14 日晚上，德勒斯登遭到盟軍空軍轟炸，市民死於火海中。城市燒得一片焦黑，好像攝影底片。後來都重建了，除了聖女教堂。在西方盟國成爲蘇聯敵人後，共產政權決定保存他們的廢墟，以提醒大家「資本主義者的惡行」。那歌德當年大爲讚美、輝煌高聳又閃亮透明的圓頂，現在只剩了一堆黑色石塊。但德勒斯登市民年年在那堆瓦礫間點上蠟燭，以爲即興抗議：他們不願子女在成長時 —— 或他們自己老年 —— 受到歷史陰影的驚懾。一旦柏林圍牆倒下，他們馬上就依照原來設計，開始重建聖女教堂，讓那教堂再度美麗莊嚴無缺，

是為立即復原。重建時盡可能利用原來石塊，而圓頂的金球和十字英國則特請倫敦一位鐵匠製作（他父親曾駕轟炸機參與密集轟炸），作為給德國的千禧年之禮。而在俄國內，現在德國政府重建了一些他們1941年侵略時摧毀的教堂，算是一種外交贖罪。[4]

另外一個對面的極端是奧拉杜‧葛蘭（Oradour-sur-Glane）廢墟，在法國西南方，接近里莫治（Limoges）的一個小荒村。村落入口的矮樹叢裡——若是在英國你會明白是**請小心駕駛**——放置了招牌教人靜默回想。

1944年6月10日，奧拉杜有六五〇名男女和小孩。在下午四點到五點半間，納粹的潘策師（Panzer division）以機關槍掃射排列的男人，女人和小孩則鎖在教堂裡活活燒死。今天鳥巢棲在廢墟殘骸的欄杆頂上，而神龕上放了一輛嬰兒車的扭曲支架。底下地窖裡陳列了日常生活的殘餘：燒焦的銀行賬簿、把手因高熱下垂的煎鍋、針停在戴的人被射殺時刻的手錶。外面市場裡是生鏽的沙龍車外殼，原是當地醫師所開，還有一張明信片，標明是「德瑟托醫師之車」。

記者麥克‧馬克馬洪（Michael McMahon）在他於1998年10月28日發表、針對這些廢墟所做的報導裡，坦承自覺闖入了一場我們無法理解的悲劇裡。更驚心的是，最近參觀過的朋友們形容一個身穿足球短褲的男人走過教堂，眼睛緊貼在錄影攝影機的視鏡上。奧拉杜已成觀光區，再也不會像在6月10日那天早晨一樣安靜了。沒有藝術家的手筆能創造出像醫師的銹車或熔化的嬰兒車景象，但若任憑奧拉杜逐漸腐朽消失，會更諷刺嗎？也許在這情形，一座凍結、無生命的紀念碑，確實會比一片看來似乎緩慢轉化的廢墟更有用。

在歐洲國家裡，英國是唯一反應與上述迥異的。在密集

4 給德勒斯登的千年十字這故事，來自克里斯多佛‧肯沃基（Christopher Kenworthy）於1998年11月28日在《電信報》的報導。麥克‧馬克馬洪到奧拉杜遊歷的報導在《電信報》2000年7月3日。

轟炸高峰，肯尼・克拉克（Kenneth Clark）宣佈「炸彈破壞本身便像畫」。這種話只有在英國才可能。身為戰時藝術家諮詢委員會主席——和國家藝廊理事，以及當代藝術的領導知識分子——克拉克委託像約翰・派坡和葛瑞翰・瑟特蘭（Graham Sutherland）等畫家畫那些轟炸地點餘光未熄的灰燼，在那些地區，光從1940年9月起的五個月間就死了一萬三千人。

卡拉克的第一本書是《哥德式復興》（The Gothic Revival），他在書裡稱園藝風景裡的玩景為「情緒紀念碑」。1944年8月15日，他聯同一些文化界名人，包括艾略特和

約翰‧美納德‧凱恩斯，在一封給《時報》的信上署名，建議一些炸毀的教堂廢墟應該保存做戰爭紀念。它們將是大轟炸時的感情紀念，也可提醒後世「在（他們的）安定生活腳下的犧牲」。這提議拓展成書，包括芭芭拉‧瓊斯（Barbara Jones）的畫以及像休‧卡森（Hugh Casson）等建築師的設計。《炸毀的教堂兼戰爭紀念堂》（*Bombed Churches as War Memorials*）是英國如畫派最後的奮力一擊，召集了像斯陶海德和斯托之流以安撫高爆破力炸彈的創傷。這些教堂不會是像德勒斯登那樣一堆冰冷焦黑、充滿怨恨的瓦礫，而是鳥兒來去、青草柔軟、兒童樂於探險的花園廢墟。炸斷的石頭柱廊將成為一排排的樹，而沒有了屋頂的墓窖則變成低陷、隱蔽的花園。

那些作者接受大部份教堂將會重建或拆毀，但提出六個別具感召力的廢墟。首先，它們可以繼續用來做露天中午祈禱的地方。在一張武德街聖艾爾班教堂的畫裡，我們看見穿薄夾克的倫敦人聽一位身披白袍的牧師站在座基上佈道。其次，這些廢墟將是開放空間，「鉛灰街道和建築襯托出來的一點綠意」。第三，將是紀念堂：

> 戰爭破壞的痕跡不須多少年就會完全不見，那奇異之美也將從我們的街道消失。夜晚的天空將不再倒映入現今靜躺於殘垣間的黑色水窪裡。不久，對後代的人，一截彈痕累累的欄杆或一塊破裂的簷板，就是過往的震撼和火焰唯一的痕跡了。那一堆破損的石塊，長了粉紅和大紅如焰的柳草將會消失，隨之而去的，是我們經過的磨難將顯得遙遠、不真，也許就遭到遺忘。因此，為我們保存一些廢墟吧。

這提議之「如畫」，在於它認識到創造沉思氣氛需要藝術家

之眼：

> 保存並不全是考古學家的事：它涉及理解到廢墟是
> 廢墟，以及將它本身當做藝術來重建……一座廢墟
> 不單只是一堆瓦礫。而是一個具有個性的地方，充
> 滿了自己的感情、氣氛和戲劇，帶了宏偉、高貴和
> 魅力。這些特色，就像彰顯它們的碎石，必須小心
> 加以保存。

　　然而，廢墟保存時並未忠於這些設計，保存的廢墟看來
工整得像意外留下來的殘骸，帶了公司美學那一套特色——
割過的草地、請勿進入的牌子和修剪的樹叢——正是那些作
者特別反對的那一套。新門街的基督教堂保存了兩道牆，有
個壁龕朝向一條雙線馬車道。碎石道沿著消失的牆壁，玫瑰
花叢記錄了壁龕的圓柱。1958年，約翰・比傑明（John
Betjeman）記得曾在這教堂禮拜，在他的〈星期一艾德斯門
街車站之死〉（*Monday on the Death of Aldersgate Street
Station*）裡他在這裡停佇：

> 東邊最後的雕塑，一名小天使凝視
> 殘破拱門上的夾竹桃、羊齒和酸模
> 我曾在那裡聽到祈禱書裡的詞句滾動
> 以及西廊老鐘華美的滴答聲。

現在，週日時，基督教堂是個悅人的綠洲，當車聲稍稍停
息，倫敦幾乎沒有哪裡更接近1945年的沉寂了：很多人在
這裡找到了生存和再生的教訓。可是又冷又雨時，沉思比較
難——也許這些廢墟是該讓它們荒廢一點的。最近有個電視
節目裡拍攝了兩名倫敦清潔工。「公司最討厭的是，」一名
工人往牆壁裂縫噴除草劑，說：「草。」

圖說：〈女修道院大天主堂〉（Coventry Cathedral），1940年11月15日由約翰·派坡所畫。派坡受英國政府委派描繪轟炸損害。德軍轟炸過女修道院後次晨，他畫下了聖麥克的廢墟景象，他這幅畫變成了「英國的格爾尼卡」。

「夜晚的天空將不再倒映入現今靜躺於殘垣間的黑色水窪裡。不久，對後代的人，一截彈痕累累的欄杆或一塊破裂的簷板，就是過往的震撼和火焰唯一的痕跡了。」《炸毀的教堂作戰爭紀念堂》作者們希望保存的「奇異之美」，約翰·派坡卻在畫裡捕捉到了。1940年12月，他在基督教堂被炸後幾小時畫了下來。那畫充滿了幾乎要熔化的高溫，好似正因毀滅，教堂的神聖感更加強烈。對熱愛廢墟的人來說，派坡的畫是受戰爭刺激而生的作品裡最偉大的。他並未選擇描繪轟炸現場，而是受到情報部經由 WAAC 的指派。戰爭期間，WAAC 總共派人畫了四千張作品，大多數畫的是混戰、英勇的消防員和晃動戰艦甲板上的水手。這些畫作是記錄，也可以鼓舞士氣。克拉克後來承認，還有一個未揭露的第三目的，在避免藝術家戰死。

派坡的第一幅轟炸場地是在女修道院（Conventry）畫

圖說：〈西敦・戴勒法〉，約翰・派坡繪。當他自主時，派坡選擇比較老的廢墟 —— 譬如北恆柏地（Northhumberland）巨宅的空殼 —— 來象徵英國人堅忍的性格。

的。1940年11月15日，在德軍猛轟之下，倫敦夷成了平地，第二天火繼續燃燒，屍體從瓦礫間抬出。派坡不知怎麼辦，爲手持畫簿侵入悲劇現場而不安。然後他注意到大天主堂邊有一塊黃銅板完整無損。「那就是暴風雨中的港口。」他後來回想。一扇窗裡有個秘書只管打字，好似無事。「我說『早，眞糟糕的時刻，是吧？』她解釋自己也才剛上班。我告訴她我拿到命令，得作些素描。她說『沒問題，你可以用我的地方』。她把打字機移到房間另一邊去，然後我開始畫大天主堂。」

她的窗面對哥德式建築東端。畫裡，我們似乎透過騰騰熱氣看那多角房間，石質的窗格 —— 事實上仍舊完整 —— 好像木屑般熔解。在這畫裡，天主堂仍在燃燒，透過窗格我們看見白光，彷彿高高在上的神龕正散出靈光。派坡並未發明那畫裡的顏色，大衛・弗瑞瑟・簡肯斯（David Fraser Jenkins）解釋，他是唯一說明色彩和作者神秘性格間的關係

的作家。他研究現場眾多的色彩,然後挑出似乎代表內在靈性的顏色予以強化。這些畫裡就像舞台設計空無一人,然他卻能藉由深沉的色彩和畫刀在畫布上的刮痕,表達出人的悲苦。那動人的力量只能以他切身感受的痛楚來解釋。

那年後來,這幅女修道院畫在國家畫廊的 WAAC 畫展中展出。這幅小畫,簡肯斯解釋,就如畢卡索的格爾尼卡一度對忠心的西班牙人那樣,成了英國人的格爾尼卡:是英國堅忍不屈的表現。派坡忽然大受歡迎,雖然他的技法十分前衛。他最喜愛的城市巴斯,正因建築之美而在1942年4月受到轟炸:為了報復英國摧毀了布里門(Bremen)的中古區域,德國空軍從《畢代克指南》[5]裡挑了新標的。「我到巴斯去畫轟炸損害,」1942年5月15日,派坡寫信給密友約翰‧比傑明:

> 我從沒有過這樣傷心的任務。我在那裡看到古時的飲水勝地給灰塵和爆炸摧毀,真是傷心。皇家月彎的三棟房子燒燬了,圓區中間落了一顆炸彈,燒掉了兩棟;蘭斯當禮拜堂(Lansdown Chapel)命中,蘭斯當月彎(Lansdown Crescent)前面十顆炸彈,瑟姆塞特地方(Somerset Place)幾乎全部燒光;一顆砲彈……死了三二六人,一八〇〇棟房子不能住…我的天啊我真恨那個星期。

正因這悲痛之情,比傑明爭論,所以派坡這些水彩畫是最好的戰爭畫。[6]

在他不為情報部工作時,派坡選比較老的廢墟來畫。西敦‧戴勒法(Seaton Delaval)是棟靠近新堡的鄉下房子,於1718年根據約翰‧凡布如的設計所建,自1822年火災後就荒廢了。正如這藝術家在1945年給《奧萊恩雜誌》

5 Baedeker guides,德國印刷行老闆卡爾‧畢代克(Karl Baedeker,1801-1859)出了一系列風行的旅遊指南,後來畢代克就成了旅遊指南的代稱。

6 大衛‧弗瑞瑟爾‧簡肯斯就派坡的戰爭所做的解釋,來自他為皇家戰爭美術館的展覽所準備的優秀目錄:John Piper: The Forties, 2000。1984在提特的派坡展覽目錄也是出自簡肯斯手筆。派坡的文字〈悅人的腐朽〉出自《建築和前景》(Buildings and Prospects)(1948)。

（*Orion*）的一篇文章裡所寫，那房子週圍都是礦工寮（tips），戴燈帽的礦工走過長長的林蔭道回家。一名農人在前院種草，軍隊在「木板封起、沒有地板的大廳」裡紮營：

圖說：歐爾佛德・奈斯，由西柏德所攝，在《土星之環》裡。在瑟佛克的奈斯，冷戰時期科學家在灘上的「寶塔」裡測試核子彈的引信。

> 土紅和焰紅，坑坑疤疤，染了紫紅和黑，極為合乎時代的顏色：很合我們的時代。而不只是顏色而已。房子和景物讓東風烤焦，再給工業破壞了，但還禁得起二十世紀生活的噪音和忽略、火災和蹂躪。主棟是一座沒人住的石頭空殼，大廳多少還有點生氣，不像很多堂皇人家。

他結論說，西敦・戴勒法仍是一片頑固、粗糙的廢墟，是假日銀行的吵鬧群眾而不是國家信託會員愛去的地方。他畫了1822年時，「火舌竄起多情地擁抱凡布如的凹凸板（moldings），將石塊染上了永久的紅和紫。」這幅油畫在提特（Tate），油彩團團球球，表面就像軟木栓一樣蚪曲——黑色是燒焦的凹凸板，沒有形狀的紅色舔過表面——畫刀挖的痕可真深。這是一幅「極好的現代廢墟」，似乎預言了戰後英國的新式美。

在1948年一篇名〈悅人的腐朽〉（*Pleasing Decay*）的文章裡，他寫到「近來考古學家不斷升高的影響力，以及藝術家（在廢墟裡）越來越小的份量……藝術家和別具隻眼的考古學家必須重拾影響力，否則就全盤皆輸了。」接下來他說畢卡索和馬克思‧恩斯特[7]「預見到轟炸損害的美和恐怖，在擺佈視覺的人裡，目前沒人比得上他們。轟炸的損害透露了前所未見的新型美。」這些話讓人想到透明而又透視破碎衝撞的建築，然而要等到1990年代像法蘭克‧蓋瑞（Frank Gehry）和丹尼爾‧里布斯肯（Daniel Libeskind）這樣的建築師，才展示出建築竟能達到這般驚人的形式。在女修道院，1950年代的建築師在舊天主堂隔壁建了新天主堂，派坡畫過的多角房間廢墟保存了燒焦的面貌以做紀念。環繞它的是新的市中心。可是那些建築師沒能將鮮明的油彩轉化成混凝土和玻璃；派坡的畫——即便只是你口袋裡的明信片複製品——也比那冷灰住人的混凝土大樓要生動溫暖。

究竟，保存戰時的「奇異之美」，捕捉那「灰塵浮在空中」的片刻，是否可能？是的，正如瑟佛克（Suffolk）海岸的歐爾佛德‧奈斯（Orford Ness）廢墟所展示的。直到1970年，這裡原是國防部（MoD）秘密試驗武器的中心。這地點面對歐爾佛德村，有1152年亨利二世所建形同岩石的城堡要塞。其實，奈斯不是座島，而是一條十二哩長、平行艾爾德柏（Aldeburgh）南邊水沼海岸的細頸石灘頭，防止艾德（Ade）河像左後衛翼手一樣擠向邊界線轉向出海。這塊岬地是個地質學現象，由數千年的風雨潮水形成。

第一次世界大戰期間，RAF在奈斯的無人海岸測試空軍轟炸的準確度，石灘正好抵銷爆炸的撞擊。1930年代，一些最早的雷達試驗在這裡進行，而第二次世界大戰期間則

7 Max Ernst，1891-1976，法國畫家，為早期達達派的一員，後為超現實主義的創建者之一。擅用拼貼和鉛筆或炭筆抹擦法。

利用捕獲的敵國飛機試驗英國火力。1950年代國防部開始測試核子武器的引信，在海灘上建了巨大的防空洞，上揚的混凝土外殼兩邊還堆上了幾百噸的石子加強保護。奈斯成了機密重地，村民禁止進入，原來穿襯衫露天玩雷達的快活年輕科技專家，由灰色地平線處猙獰靜默的防空洞所取代了。四號和五號實驗室因為外形而綽號「寶塔」，彷彿是花園裡的玩景。每一座寶塔屋頂以細長柱子撐高，好像八個划手扛著倒翻的船頂在頭上。沒人知道那設計的目的：如果有意外爆炸，那些腿會倒下來，而屋頂會像個巨蓋覆住爆炸。

1970年代國防部走了，把奈斯留給當地漁民，和少數不在意防空洞猙獰致命的散步人。1993年，鑒於它對英國海岸的價值，國家信託買下了這個地點，第一個念頭就是拆毀防空洞。是當時任職國家信託的建築師傑瑞米‧姆森（Jeremy Musson），首先就它們的廢墟價值據理力爭。他說，石灘移動的奈斯，從第一次世界大戰的木屋到冷戰的寶塔，是二十世紀歷史的重寫本。或許在一個可望比較和平的新世紀，這廢墟會因暴露於風雨海浪而完全毀壞，好似地球讓大自然淨化了。

國家信託採取了這個作法，以健康和安全法規的考慮，以及那些習慣了飲茶室、室內裝潢和擺得恰到好處的傢具的成員來說，實在是個果敢的決定。我希望他們能保持勇敢，因為這種例子在歐洲寥寥無幾——歐爾佛德‧奈斯是一，寧法是另一——這些地點展示了若廢墟主人接受藝術家的意見，廢墟便能帶著它那未曾沖淡的魔力開放給公眾。在這裡那作法也是十八世紀的如畫派：也就是，從一種「框住」參觀經驗的透視出發，同時引入道德敘述，以及對時間、短暫和人性的思索。就像在十八世紀的花園設計上，在構想階段

總有個畫家參與。丹尼斯・奎非爾德（Dennis Creffield）
── 他十分推崇畫中世紀城堡的透納[8] ── 在林間小屋裡紮
營，黎明即起，畫一個遠近大小都難以估量的島嶼，空氣不
同尋常地稀薄，晴天時石灘閃爍起伏，彷彿奈斯是個轉瞬即
逝的幻影。姆森點出，奎非爾德的畫影響了國家信託如何呈
現那地點，經理隊很快就認識到奎非爾德比任何人都更了解
「那島嶼的氣氛、時刻，與飄揚在海鷗的啼喚和無盡的風之
間，那意外的音樂」。[9]

你若現在去遊歷，搭船趁漲潮時渡過泥滯的艾德河。難
得有植物能在這裡生根，大自然的生命表現在風挾灰浪撲向
海岸、將石粒擲向混凝土牆、氧化生銹的鐵絲捲、鋸齒的金
屬和截斷的鐵軌上。或是在大小野兔，和成群嘯叫在實驗室
上做巢的海鷗上。半掩埋在石灘裡，那些實驗室好像是半人
工又半自然。這些殼子內部就像任何工業式的荒涼那樣庸
俗，有鷹架、坡道、一條條骯髒綠水的渠道，和曾在上面爆
炸的生銹金屬板。冷戰已經結束。

歐爾佛德・奈斯仍活在一位偉大作家的描述裡，他發現
了那裡遭人冷落的寂寞。西柏德[10]的《土星之環》（*The
Rings of Saturn*）（1995）描寫作者沿諾佛克（Norfolk）和瑟
佛克海岸散步，沉思人對大地所為的短暫，並以異國人的深
刻清晰觀察居民。西柏德以動人、平滑如卵石的文筆描述遊
思。這散步者付錢請村民擺渡他過河，到「像是遠東監獄地」
的島上去：

這混凝土外殼，外面堆滿了石頭，而裡面，在我大
半生時間，曾有數百名科技專家努力設計武器系
統，遠看（也許是因它們奇怪的圓錐形狀），像史
前時代埋葬偉人和強者的墓塚，連同他們所有的工

8 Turner，1775-1851，英
國風景畫家，多畫水景，
尤擅於表現燦動的光色，
後期畫風趨向抽象，為大
多時人所拒，但影響後來
的印象派。
9 丹尼斯・奎非爾德描繪奧
爾佛德・奈斯的畫，出版
於康納特・布朗
（Connaught Brown）1995
年展覽的目錄裡，導言是
由傑瑞米・姆森執筆。
10 W. G. Sebald，德國當代
作家，1944-2001，後半
生旅居英國在大學教
書，作品融合自傳、散
文、小說、遊記、冥想
於一爐，探討時間和記
憶、歷史、地方，特具
憂傷深沉與神秘之美，
著作包括長篇小說、長
詩、評論，小說除《土
星之環》外還有《移民
者》（*The Emigrants*）、
《暈眩》（*Vertigo*）和《奧
斯特立茨》（*Austerlitz*）
等。

具和用具、銀器和金器。我那種置身於某個用來超
脫世俗的所在的感覺，因幾棟貌似寺廟或寶塔的建
築而更加深了，在這些軍事設施間，它們似乎很突
兀。然我越接近這些廢墟，任何亡者的神秘島嶼之
想就越加退卻，我越加想像自己是處於我們自己的
文明在未來某種劫難後的殘蹟間。此外，對我，正
如對某些後來無知於我們的社會、在廢鐵堆和破機
器間漫遊的陌生人，那些一度生存並在這裡工作的
人是個謎，就像防空洞裡原本的設計和裝置的目
的、天花板下的鐵欄、部份仍上了瓷磚的牆上的鉤
子、大如盤子的蓮蓬頭、斜坡道和排水道。那天在
歐爾佛德奈斯我到底在哪裡、那時是什麼時候，我
實在沒法說，就連現在寫這些句子時還是沒把握。
我只知道最後我沿高起的堤岸，從中國牆橋經過舊
加油站走向碼頭，左邊漸遠的田野間是一落黑色的
尼森寮[11]，右邊過了河便是陸地。我坐在防波堤上
等船夫時，夜晚的太陽從雲後出現，將海岸長長的
弧線浸在光裡。潮水往河逼近，水像錫盤般閃亮，
從遠高過沼澤的收音機天線傳來了一陣穩定恍惚的
低鳴聲。樹梢間可見歐爾佛德的屋頂和塔，近得好
像可以摸到。就是在那裡，我想到，我一度安適。
然後，透過眼中漸強的眩目光芒，我突然看見，在
暗去的雲間，早已消逝的磨坊頁帆在風裡沉重轉
動。

11 Nissen huts，二次大戰期
間，英國在鄉下以波浪
形鐵皮搭蓋的半圓形寮
房，用來當做軍營。

XI

小說家、漁人和王子

小說家、漁人和王子

　　在蘿絲・麥考雷（Rose Macaulay）的長篇《這世界我的荒野》（*The World My Wilderness*）（1950）裡，倫敦城廢墟是芭芭莉（Babary）和弟弟羅梧（Raul）兩個野孩子玩耍的地方。一個星期天早晨，他們在一座被炸的教堂瓦礫間發現了一本燒焦的祈禱書，書頁打開，在〈末日經〉（*Dies Irae*）處。芭芭莉天眞朗誦書上的話：「震怒的日子，噢！哀悼的日子！且看預言者的預言成眞，天地燒成灰燼！」小羅梧煩了，因此他姊姊把偷來的收音機擺在神龕上聽爵士樂。一位陌生牧師剛巧從窗戶進來，關掉收音機，給了目瞪口呆的芭芭莉一支香爐。他帶著瘋狂眼神開始行聖禮，但發出的卻是湯瑪斯・布朗的話：「我就在地獄，浮士德和他的大軍就在我裡面。火從四面八方爬到我身上……我四肢癱瘓，雙手不能朝上帝高舉……我罪孽深重：壓在我胸上，將我釘住；我沒法動彈。因爲這裡就是地獄、地獄、地獄。」等第二名牧師衝進壁龕時，那牧師癱瘓了倒在地上。他安撫兩個嚇壞了的小孩，解釋說那牧師在教堂廢墟間亂走找自己的小孩，他曾身陷大火焚燒的教堂殘骸裡兩天。

　　對麥考雷來說，第二次世界大戰似乎代表了文明盡頭，在她二十部長篇小說當中，《這世界我的荒野》是最虛無的一本，文中嵌進了〈荒原〉的詩句，好像某種斷裂的主題曲。1922年她讀到剛出版的〈荒原〉時，很欽佩艾略特的技法，但對那些文字並無共鳴。1945年她所見的世界，卻近似艾略特的預言成眞。最後一景裡，芭芭莉的哥哥瑞奇離開廢墟走向聖保羅閃亮的圓頂。但這條路帶著諷刺，因爲瑞奇代表幻滅的一代，他曾是劍橋大學生和勇敢戰士，後來卻

成了黑市商人。他最後的話是艾略特的句子：「我想我們身在鼠巷裡／死人在那裡丟掉了骨頭。」（I think we are in a rat's alley／Where the dead men lost their bones.）

　　麥考雷寫這書時已經六十幾了。她來自思想自由的士人圈裡的麥考雷爵士家族王朝，從小在義大利海邊一棟美麗的別墅裡長大，家風自由，放任她做大自然的小孩，和漁人一起玩，並在危險的海浪裡學游泳。十三歲時，她父親回到了牛津的高尚社會圈裡，她光赤的腳丫、沾了泥的膝蓋和愛爬樹的野孩子氣，讓親戚們大為驚駭。她從不在乎穿什麼：她的衣著大體來說，「近乎棕色」算是禮貌的了。幾近不可能地瘦──「一把快活的骨頭」──又幾近不可能地活潑，七十高齡照樣會從高跳板躍進曲河（Serpentine）。1930 年代，她那輛鏈在倫敦圖書館鐵架邊的鏽單車，是倫敦文學界最熟悉的景象。

　　若沒有戰爭悲劇，麥考雷會以她早期風行的作品傳世：以趣味眼光寫來的跋扈姑姑、阿姨和害羞的管理人，以及對旅行異國景物的描述，和對疲累午後的第三節目（Third Programme）觀眾來說熟悉的聲音。可是大轟炸期間她開救護車，一夜又一夜在駕駛盤邊等候救護員從燃燒的殘墟裡搶救傷患。然後，1942 年 7 月，傑拉德・歐唐納文（Gerald O' Donovan）在蘇瑞死於癌症。二十多年來，他一直是她的情人，若非他是天主教徒又不願離棄妻子和三名子女，他們早就結婚了。她的倫敦公寓被炸了，雖然她沒受傷，但他的信件全數燒燬。許多年後，史提芬・斯賓德的寡婦娜塔莎・斯賓德自己在法國的房子燒燬時，回想起當年麥考雷的堅強：「我記得在大轟炸時幫蘿絲・麥考雷在她被炸毀的房子瓦礫間尋找，那裡，就像這裡，沒有半點寶貝或紀念物殘存。她

似乎很冷靜，置身事外，擱下毀滅之感，有點失落，但以行動來應付。」[1]

　　然而，儘管看來無動於衷，麥考雷寫下了她最動人的短篇小說，尖銳、赤裸的〈安斯徹特小姐的信札〉（*Miss Anstruther's Letters*）。當炸彈落在她的豪宅所在的街區（那裡的名聲現在「一如尼尼微和泰爾」），在片刻驚惶中，安斯徹特小姐裝了一整旅行箱的打字機、壁爐檯上的擺設，和「一個核桃殼，裡面是安放在玻璃後的小墨西哥人」。到了正在燃燒的樓梯底時她發現忘了情書——可是樓梯開始倒了，管理人也擋住她的回頭路。等灰燼冷卻，二十二年的情書只剩下燒焦的一角，裡面是半嘲笑的責備：「你一點都不在乎，」他似乎在說：「如果你有半點在乎，就會搶救我的信，而不是你的電報、你的打字機和你的瓷母牛，更何況是那些個小核桃墨西哥人，你知道我從來就不喜歡它們。」為什麼只有這指責留下，而卻不是那些談到迪封（Devon）丘陵、佛瓦（Foix）旅舍陽臺、黎爵（Lisieux）臥房的信？

　　麥考雷為《這世界我的荒野》做研究，成了倫敦廢墟的探險家。琵娜樂琵·費滋傑羅[2]回想跟在她後面爬上爬下的「驚心經驗」，「在她毫不遲疑奔下一個坑洞，或招手探身到一扇危險的碎窗戶裡去時，勉力跟上她那清瘦的身形」。麥考雷寫下了一個奇異的新世界：

> 這些滿是支架和荊棘、金色劉寄奴、款冬、茴香、指頂花和野豌豆的大坑，所有這些從廢墟、墓窖和地窖和坑洞、倒塌的市政廳裡冒出來恣意蔓延的野樹叢……辦公室破損的樓梯經過空洞的門口和斷裂的櫥子陡峭地迴向天空，教堂空殼的塔仍奇異地聳立在荒野間，綠枝推進空洞的窗拱、破碎的地板……所有這些結疤、懾人的綠意、石頭和荊棘荒野，

1 蘿絲·麥考雷的傳記有兩本，一本是她的親戚康斯坦絲·巴秉敦·史密斯（Constance Babington Smith）所寫（1972），一本是出於珍·艾莫里（Jane Emery, 1991）。巴秉敦·史密斯首次刊出短篇〈安斯徹特小姐的信札〉，並從《廢墟情趣》裡摘要配羅洛夫·貝尼（Roloff Beny）的攝影出版（1964）。

2 Penelope Fitzgerald，1916-2000，英國當代小說家和傳記作家，擅長以樸質詼諧的筆法寫失意的小人物，她的長篇小說一律短小卻韻味無窮。1979年以《岸邊》（*Offshore*）獲英國布克文學獎，1997年《藍花》（*The Blue Flower*)獲美國書評人獎。譯註。

躺在八月的太陽下，昆蟲嗡嗡，顫動著秘密、迅速
來去、鑽洞的生命，帶著殘破、超然的冷靜迎接歸
來的旅人到它的居所。

二十年前，她為了一本旅遊書到瓜地馬拉叢林探險時，那些
長滿了植物滑溜溜的瑪雅[3]寺廟不過是如畫的景致。現在，
這新廢墟景致表達了「無可彌補的野蠻，來自泥土，也來自
擲向象牙塔的污穢」。這內臟剖開的城市反映了她的主角芭
芭莉內在的野性，也反映了麥考雷自己的虛無思想。『那緊
抓的根在哪裡？從這些石頭垃圾裡長出什麼枝條來？人子，
你說不出也猜不出……』可是你可以說，可以猜測，那緊抓
住石頭垃圾的是你自己，你自己的根，是你自己生命的枝條
從那裡而不是從別處長出來。」正如〈荒原〉所預言的，在
受人尊敬的社會上層結構下是「靈魂的廢墟；陰晦的夢在意
識的地窖裡暗暗蠢動；在神秘的拱廊、迴廊和夢境拱廊裡，
荒原不是向外而是向內伸展。」不到1950年，那些坑洞和
瓦礫在混凝土的新建築下消失了，新街區的辦公室和房屋建
了起來。可是那廢墟代表的「無可彌補的野蠻」將在別處浮
到表面，因為那精神潛藏人心。

　麥考雷這時期的精神導師是格爾柏特‧莫瑞（Gilbert
Murray）教授。莫瑞是個傑出古典學家，認為基督教-希臘
文明是俄國人、中國人和阿拉伯人代表的「野蠻海洋」中的
一座島嶼。莫瑞的女婿是阿諾德‧湯恩比[4]，他的《世界歷
史》（History of the World）於1934到1954年間出版，總共
十冊，分析文明盛衰的週期。在《這世界我的荒野》裡，愛
嘲弄博學的瑞奇說：「沒有一個文明存續超過一千年；現在
這個叫西方文化的文明，已經過氣了。」然而接下來是什麼

3 Mayan，瑪雅文化是西元
四到九世紀期間的古印第
安文明，這支印第安人不
但建立了包括現在的墨西
哥、洪都拉斯和瓜地馬拉
的龐大帝國，還有高度文
明，在天文學、數學和曆
法上都很先進，並有自己
的象形文字。譯註。

4 Arnold Toynbee，1889-
1975，英國歷史學家，他
的十二冊歷史巨著《歷史
研究》（A Study of History）
（又名《世界歷史》
〔History of the World〕，
如作者所說），於1934-
1961年間出版，（這裡作
者寫：「……於1934-
1954年間出版，總共十冊
……」，恐怕有誤），比較
二十六種文化，觀察文化
盛衰老死週期。譯註。

呢？

接下來，至少對麥考雷來說，是改變宗教信仰，因而重拾她對未來的信心。她的家傳是英國國教，但幾十年來她是個不可知論者。麥考雷七十歲時改信天主教。她引人的《廢墟情趣》（*The Pleasure of Ruins*）（1953）中勃發的生機，便來自這晚年的新生。有四年時間，她閱讀旅人對廢墟的描述，沉迷於那些景象。她寫信給朋友：「我住在廢墟世界裡，到處是坍塌的牆、綠色叢林淹沒的墨西哥和錫蘭的寺廟和宮殿、門楣和斷裂的圓柱沉入藍色海裡，螃蟹爬行其間。這些美好夢境纏繞不去，像樂趣。」

學術界人士批評這書膚淺，對世界文化的描述過於大而化之。確實，譬如儘管麥考雷保證，其實羅馬人對廢墟並無著墨——至少就我所知——也許理解這點，比不上假設他們也和我們一樣熱衷廢墟那麼有趣。但這樣看就錯失了麥考雷的目的。她想要展示廢墟在歷史中的普遍，以便說明在毀滅和重生的永恆循環裡，人總會重拾善良——恰恰扭轉了她在面對大轟炸時的消沉。這書最後為從現代的斷片中重建完整辯護：

> 但廢墟迷戀繞了整整一圈：我們已經看夠了……廢墟只能是幻想，為心靈黑暗的想像所籠罩：我們眼前所見的景物，我們得同意聖多瑪斯・阿奎納[5]所說的，破碎便就醜了（quae enim diminuta sunt, hoc ipso turpia sunt），而且感覺到，在美之中，完整即是全部。

5 St. Thomas Aquinas，1225-1274，義大利神學家和哲學家，在神學名著《神學大全》（*The Summa*）裡為天主教辯護，提出理性和信仰都來自於上帝，領域不同，相輔而不相衝突。他這整合理論對天主教神學貢獻極大。譯註。

《廢墟情趣》以及約翰・哈里斯（John Harris）的《大廳無聲》（*No Voice from the Hall*）和蘭帕度薩（Lampedusa）的《豹子》（*The Leopard*），是給我最大啟發的三本書。倫敦西

區的萊德布羅克廣場（Ladbroke Square）裡有間公寓，室內的佈置都是零星殘缺的雕塑和裝飾品——並以類似宋恩的喜悅展示——是我的朋友彼得·洪（Peter Hone）在三次大環遊時到《廢墟情趣》裡寫過的地點去蒐羅來的。1960年間，他開了一輛國民（Volkswagen）箱型車到中東旅遊，遊伴是一位叫瑪莉·懷特（Marie White）的阿比西尼亞（Abyssinian）公主，她曾是傑克卜·易普斯坦[6]的模特兒，現在在彼得位於伊斯陵敦（Islington）的骨董店裡做事。在奧林巴斯山（Mount Olympus）上，他燒了一本麥考雷的書作為犧牲；在帕爾麥拉，他們把箱型車停在柱廊的陰影裡兩週；在艾弗索斯，瑪莉留在箱型車裡，而彼得睡在山洞裡。

6 Jacob Epstein，1880-1959，英國雕塑家，以巨大的青銅像或石雕知名。譯註。

圖說：瑪莉·懷特，攝於1960年間，在巴爾貝克廢墟；她和彼得·洪因·蘿絲·麥考雷的《廢墟情趣》而興起的廢墟之旅途中。

在當今的廢墟遊歷間，約翰·哈里斯在二次世界大戰後幾年間在英國的探險極是重要。今天，哈里斯比英國任何建築史家寫了更多討論鄉間房屋史蹟的學術論文，並安排了更多展覽。由他導遊參觀英國風景，就像看一楨空中攝影，表面底下的圖案歷歷可見：在他說明時，那逝去的英格蘭出現了，鄉村屋、運河和花園雕像，襯著玉米田、高爾夫球場和房屋產業，有如鬼魅、灰黑的海市蜃樓。然戰末他才十五歲，已不再是學徒的野孩子。1945 年時，鄉間房屋的裝飾運河裡滿是魚，因六年無人騷擾而肥大。他和叔叔席德（Sid）釣魚時到過這些地方，席德也是鄉間房屋拍賣場上的購買商。

他侄子參加的第一次拍賣在蘭黎公園（Langley Park），靠近斯勞（Slough），一度屬於羅柏特·關維爾·哈維爵士（Sir Robert Grenville Harvey），他在印度狩獵大型野生動物，也是維多利亞女皇在西北前線的間諜。哈里斯離開嘈雜的拍賣場，找到一座荒廢橘園，在裡面發現了哈維的填塞動物頭博物館：那門已經多年沒開過，腐敗毛皮的臭味讓他暈倒了。在蘭黎花園裡，哈維豎立了一根盎格魯─印度風格的圓柱，從柱頂可以看見溫莎城堡。為 D 日受訓的波蘭兵士拿它當槍靶子，因此倖存了下來，卻在幾年後給現代派的地方計劃官員炸毀了。後來席德和侄子才發現，他們釣魚的湖裡滿是丟棄的磷彈。

哈里斯發現了一個半死不活的世界。在英國，兩千鄉間房屋——幾乎但凡有點歷史價值的——六年前都為軍隊所徵收了。現在兵士走了，房主回來發現尼森寮在草坪上生銹，林蔭道上的樹木砍了，家庭肖像拿來當做擲鏢的靶子，花園廟則用來做炸彈練習。景象實在讓人傷心，許多家庭在絕望

之餘放棄不管了。哈里斯很快就認出了這是一座廢棄的產業：

> 公園界內已經失修，樹籬不整。在公路和穿越公園的車道間的門口或門房有條清楚的分界：一邊修護整齊，而一邊殘敗。門房可能關掉了，大門深鎖。車道斑駁，經常為野草覆蓋。殘破的公園，在晚春或夏季時分，沒有牛羊在園裡吃草，各種野花鮮艷，草沒割，花園的分界回歸自然：我便是在這花框裡看見了許多我的房子。……留心破窗、散佈的垃圾：對闖鄉間屋的人，兩者都是好跡象。在這時刻房子總好像封在迫人的沉寂裡。它的玻璃眼光帶著空洞。

這些房子處於懸置的狀態，既非等候緩刑，也不在等候無力或無心整修的主人採取行動。哈里斯靠政府救濟，遊歷了兩百多家廢宅。睡在青年招待所──還因此得到一年借宿最多招待所獎──必要時睡穀倉，還有一次裹了薰香的裂裟睡在一棟荒廢的教堂裡。在他到過的宅第裡，四分之三後來都拆了。1955年，摧毀的高峰期，每週就有兩棟鄉間屋拆毀。自從解散修道院後，這是英國建築最大的損失，其美學價值遠勝德國炸彈造成的損壞。

最令人傷心的是林肯廈的柏爾井（Burwell），這是棟完美的喬治式洋娃娃屋。哈里斯在1957年來到這裡，這時他受雇於派弗斯納（Pevsner）的《英格蘭建物》（*Buildings of England*）系列作支薪的田野調查員，騎了蘭布瑞塔[7]到處跑。他敲門，裡面傳來奇怪的窸窣聲；門一開，他給羊群絆倒了──牠們被當地農人圈在樓梯廳裡佈滿蛛網的家庭肖像下了。在柏爾井室內，自1760年代建成以來就沒整修過的洛可可石膏像間，會客室裡是一袋袋的馬鈴薯，大客廳裡是

7 Lambretta，義大利產摩托車。譯註。

圖說：在林肯廈的柏爾井起居室裡，成袋成袋的馬鈴薯，是約翰・哈里斯在1957年發現的。隔年這華宅便拆毀了。

一堆堆的穀子。第二年他收到一通宣佈拆毀柏爾井的電話，慌忙趕到毀滅現場，那樣子讓我們想起大轟炸期間派坡的經歷。屋頂和牆壁已經不見，當工人以鶴嘴鋤揮砍牆飾時，柔軟的石灰粉如雲揚起。哈里斯氣得面色發黑，但也只能從瓦礫間搶救六尊石膏頭像──就像許多年前威廉・斯特科黎蒐集鑲嵌玻璃和雕塑的殘片一樣。1950年間保存鄉間屋，就像1720年間保護中古建築同樣枉然，不過哈里斯的旅程，將會像斯特科黎和戴爾那個世代重新發現受忽視的城堡和修道院一樣重要。

哈里斯的回憶錄《大廳無聲》的封面攝影，照的是一隻手觸摸一座長春藤覆蓋的門廊；仔細看，你會發現他的袖口和釦子已經拆了。領子也撕了，像是受不了那縛綁，若是全身像應該會照出他眉毛粗得像馬毛，和發紅的臉，面上充滿了期待發現的興奮，難怪這麼多陌生人為這男孩敞開大門。

戰爭持續期間，奧斯柏特・西特威爾（Osbert Sitwell）認為鄉間屋末日在即，聘請約翰・派坡畫他在德比廈

（Derbyshire）的家宅瑞尼蕭邸（Renishaw Hall）。 1942到1944三年間，派坡到過實地多次，畫了五十多張這棟單薄的喬治式房子的圖，和它荒涼的寺廟、木屋和林地。西特威爾的委託和他撰寫自傳《左手，右手》（*Left Hand, Right Hand*）息息相關：派坡的畫堆在他書房裡有三呎深，好似作家的索引卡。這系列畫作在1945年一月展出時，西特威爾這樣介紹目錄：

> 偉大的英國房屋，這國家主要的建築表達，正在消失，為快樂急切的計劃人所摧毀，或由呆板無後的國家信託佔有，就在這時，來了一名畫家將它們交給了未來年代，就像卡納萊托[8]或瓜迪[9]在他們的日子，以同樣無比的藝術將垂死的威尼斯交給人。因此，當我開始寫自傳時求助於約翰・派坡先生，因為我試圖在書裡以自己為媒介記錄一種生活方式，以及我自己的經歷。

　　然而，哈里斯比西特威爾更精力旺盛，接下來十年間，他是早期挽救我們鄉間屋運動的領導人物。民意和政府行動的大舉改變要到1974年才開始，那時哈里斯和馬可斯・比尼（Marcus Binney）在維多利亞和艾柏特美術館（Victoria and Albert Museum）規劃了〈破壞鄉間屋〉（*Destruction of the Country House*）展覽。整個展覽設計成廢墟，已毀房屋的攝影貴在斷裂的石塊上。在聚光燈照明的黑暗中，哈里斯粗嘎的聲音唸毀屋的名字，好似倒下者的禱詞：Gopsall, Stratton, Kempshott, Slindon, Richings, Burwell, Willingham, Iver, Staunton……。今天，主要得感謝那些受到廢墟神奇王國吸引的游蕩漁人，這個運動已得到了勝利。不過，正如修道院和古蹟，無情的破壞必得是欣賞的前奏。

8 Canaletto，1696-1768，義大利畫家，作品充滿感情，對後代畫家影響很大。譯註。

9 Francisco Guardi，1712-1793，義大利畫家，繪了許多以威尼斯為主題的畫。譯註。

但廢墟病態的生機，與殘敗建築滋養天才最偉大的例子，是蘭帕度薩王子，《豹子》的作者。他的先人在帕勒摩（Palermo）的宮殿，於1943年美軍侵略西西里時遭受炸毀。他是一線相傳最後的王子，傑瑟披・湯瑪西・迪・蘭帕度薩（Giuseppe Tomasi di Lampedusa），1896年生於宮中，始終睡在同一個房間裡，直到「1943年4月5日，來自大西洋彼岸的炸彈找到並摧毀了她」。蘭帕度薩發現了那「可憎的廢墟」後，震驚中走了八哩路到朋友家裡，然後滿身塵土一語不發坐在那裡三天。1957年他去世時，他的一生，他那粉飾、蒙塵和怠惰，對帕勒摩同代人而言，就好像一具雅致的舊衣櫥──只是，沒人知道這衣櫥裡放了二十世紀義大利最好的，也許是戰後歐洲最好的長篇手稿。

　　蘭帕度薩在他生命最後兩年寫下《豹子》，同時也寫了回憶錄《我兒時的宮殿》，這部他本無意出版，不過是聊作練習以舒解惆悵的書。他回想：他的童年是天堂。身為獨子，他統治三座庭院、樓梯和馬廄。巴洛克宮殿的外牆沿街七十碼長，破壞後露出總共有一千六百平方碼的地板面積。這個家是他「鍾愛之處」：

> 我全心全意愛它，現在還是一樣愛，儘管這十二年
> 來它只不過是個記憶。直到它被毀前幾個月，我都
> 睡在母親生我的房間裡。在那棟房子裡，也許是在
> 那房間裡，我愉快想到將死的必然。

　　西西里熾烈的陽光瀉進外牆後一系列的會客室裡，為九個陽臺上的絲帘所沖淡，或反射到鍍金傢具上；盛夏中當百頁窗緊閉時，一道光線

　　充滿了無數浮塵微粒，將破壞地毯的色澤，所有會

客室地毯一律都是紅寶石色：那真是神奇的光和
色，讓我的心靈永遠著迷。有時，我在某座老宮殿
或教堂裡再度發現了那明亮的光質，若我不及時以
「淘氣笑話」驅散，便會心痛如絞。

　　二十世紀初，帕勒摩是歐洲皇族的時髦渡假勝地。他最
早的記憶是晉見法國的尤珍妮皇后（Empress Eugénie），或
是在停靠咖啡館外的出租馬車裡吃冰淇淋；坐在桌邊便是低
俗。後來，蘭帕度薩意識到，對自1812年西西里取消封建
制度後不斷沒落的貴族，這樣的優雅是他們最後的放縱了。
在帕勒摩兩百棟貴族宮邸裡只有二十棟仍在使用，他家尤其
缺錢；到了1920年間，他們只好將宮中一個側翼租給市營
瓦斯會。1885年，傑瑟皮的曾祖父突然死於霍亂，沒有留
下遺書，九名子女和他們吵嚷的後代爭奪遺產。傑瑟皮繼承
了頭銜，但只得到五十分之一的遺產。

　　這家人的無所事事很讓北方人吃驚，就像大衛‧葛爾摩
（David Gilmour）在他為這作家的精彩傳記裡所述。[10] 他父
親做事慢吞吞，又十分放縱，就像蘭帕度薩四名叔叔中的三
名；第四位叔叔是個名外交官，自誇是千年之內第一位有工
作的蘭帕度薩。自他在第一次世界大戰中英勇作戰後，蘭帕
度薩決定不追求任何行業或謀生，也不採取任何行動以扭轉
家族的敗亡。1920年間他四處旅行，1932年娶了一位德國
男爵夫人後，他的時間半在拉特維亞（Latvia）的城堡半在
帕勒摩的宮邸渡過；莉西（Licy）不肯睡在他母親房間隔
壁，然而傑瑟皮也不願離開母親身旁。美軍轟炸帕勒摩過
後，大部份無家可歸的貴族搬到了城中心外的新公寓裡，除
了傑瑟皮和莉西——她的城堡給蘇俄沒收了，她無法回家—
—更移到這為炸彈損壞的歷史核心深處。從布特拉路（Via

10 大衛‧葛爾摩寫的蘭帕
　度薩傳記《最後的豹子》
　（The Last Leopard, 1988）
　睿智詼諧，幾近完美。
　〈女妖和我的童年地〉
　（The Siren and Places of My
　Infancy）由阿奇柏德‧寇
　克杭（Archibald
　Colquhoun）翻譯，收在
　《故事二則與記憶》（Two
　Stories and Memory，
　1962）裡。

Butera）42號的陽臺，他們可以看見妓女招攬遊客到殘墟裡。在42號的圖書館裡，傑瑟皮安置了一個他從宮邸搶救來的壁爐檯，和由鄰近廢墟撿來的門和窗。

戰後的幾年間，傑瑟皮會離開布特拉路到馬西摩麵包店（Pasticceria del Massimo）去，在那裡吃糕餅和讀書四小時——夠讀一部巴爾札克長篇。然後他去拜訪書商弗拉寇維歐（Flaccovio）。他那裝滿了書和奶油蛋糕的笨重皮袋總在身旁。他離家必帶一本莎士比亞，莉西注意到，弗拉寇維歐有一次瞥見普魯斯特躺在瓜中間。午後，他到卡里曲（Caflisch）咖啡館加入一桌當地的知識分子，除偶爾以單音節反駁，沉默不語。衣衫破舊但身形特出，小說家吉歐吉歐‧巴薩尼回憶，他「高大、厚重又沉默，面色蒼白——是深膚色南方人的那種灰臉色」。

這樣一成不變許多年後，蘭帕度薩成了個臃腫、蒼白的人，但閱讀之多超過全歐。1955年，他丟下卡里曲的圈子改到馬薩拉（Mazzara）咖啡館去，在一座現代高樓下，他生命最後三十個月的每天下午，蘭帕度薩都以藍原子筆在那裡寫作。在一生被動無為之後，有兩件事引起了突來的變化。首先，他陪姪子陸奇歐‧皮克婁（Lucio Piccolo）出席一個文學季——巴薩尼就是在這裡遇見了他——領取詩獎，他悟到自己可以勝過任何在場的文學人士。其次，他答應教一些年輕學生英國文學，因此開始分析和綜合自己一生所讀之書。然而，這些只是催化劑。宮邸的破壞讓他覺悟到一個世界正在消失，卻毫無記錄。當小說主角臨死，面對布特拉42號也面對的濱海路，反省道：「一個貴族家庭的重要，完全在它的傳統，在它鮮活的記憶；而他是最後一個擁有任何不同尋常、異於其他家族成員記憶的人。」

小說從1860年，葛里包迪入侵西西里期間，薩里納（Salina）王子生命裡的二十四小時開始。就像1860年時的蘭帕度薩王子——那未曾留下遺書的曾祖父——薩里納是個天文學家和許多小孩的父親。不過，他特出的體型是傑瑟皮浪漫的投射，當他描寫主角刮臉和穿衣時，似乎愛上了自己的創造——薩里納滿懷感激的情婦低呼：「我的王子啊！」而家人和隨從則衷心佩服這位能以手指折彎硬幣、風度優雅的巨人。作家給予王子的是他自己的智力和內省。就像蘭帕度薩，里歐帕德（Leopard）鄙視自己的浮華階級，但也看不出新政府的好處。他唯一的慰藉是星辰永久可信。

讓北方讀者感慨的，是這位生機勃發、見解洞澈的王子曲從了一連串敗亡的變化；同樣難解的是，為什麼幾十年來陸奇歐沒把詩寄到出版社去，或為什麼到如今蘭帕度薩廣場仍只是一個轟炸現場。就是在這種過去陰影籠罩的島嶼心態下，讓如今的種種作為都顯得無能為力。

小說顯然的主題是「復興運動」（Risorgimento），以及葛里包迪的紅衫軍帶來的改革希望如何遭到統一義大利的犬儒政客打擊。然而這只不過是兩千年來不斷重複的形式，那些年間西西里遭到希臘人、迦太基人、羅馬人、哥德人、阿拉伯人、諾曼人和西班牙人的侵略與征服。每次島民的期望都落空了，現在他們對未來改進的承諾失去了信心。薩里納向一位突林（Turin）的新政府派來的使節解釋：

> 二十五個世紀以來，我們一直承受優越和異種文明的壓力，它們都來自於外，無一是我們自己的創造，沒一樣可說是我們的……睡眠，我親愛的薛佛里（Chevalley），西西里人要的是睡眠，叫醒他們的人總會受到痛恨，就算是為了給他們帶來最美好

的禮物。

　　蘭帕度薩相信現代西西里已經無可救藥——卻又喜歡一
個有關這島嶼的浪漫想法，在也是寫於最後幾個月間的短篇
小說〈教授和女妖〉（*The Prefessor and the Siren*）裡做了解
釋。在米蘭一家咖啡館裡，一個思想自由的年輕人交了一位
同是西西里移民的朋友，這人是偉大的希臘學者拉・寇拉
（La Ciura）。經由分享西西里的回憶，教授同意透露他最深
的秘密——有關「永恆的西西里，大自然的西西里；納柏迪
（Nebrodi）丘上迷迭香的香氣，米里里（Melilli）的味道，
和西拉克斯（Syracuse）一帶的孤獨，以及，據說，在6月
某些日落時分，從帕勒摩的果園湧來陣陣的橘香和檸檬
香」。五十年前，他還是個年輕人，在一個自希臘航海人發
現後就沒變過的岩石海灣裡，拉・寇拉受到了一條美人魚誘
惑。這則浪漫史結合了半獸人（satyr）的原始和星辰的永
恆，因為在她生命的二十五個世紀裡，這女妖愛過希臘人、
羅馬人、諾曼人和西班牙人。後來在海上，這教授消失在船
外，年輕人相信他回到了女妖那裡。教授在遺囑裡留了一隻
畫有女妖的希臘瓶給他，那瓶卻在戰時遭到炸毀。若那擁有
棕膚、慵懶氣質、媚眼和永恆之美的女妖是西西里，那輕蔑
但熾烈的老人便是蘭帕度薩。

　　蘭帕度薩在1956年8月完成《豹子》，但遭到一連串的
出版社退稿。這些出版社都相信現代義大利長篇應該是「進
步的」，「致力於未來」。最後一次退稿是7月18日，那時他
因肺癌住院；六天後就死了。那寫滿藍原子筆字跡的練習本
由他的寡婦收了起來。

　　1958年3月3日，她收到一通吉歐吉歐・巴薩尼打來的

電話，他是費奇納里（Feltrinelli）出版社的顧問，後來寫了長篇小說《芬奇—康提尼斯花園》——部份靈感來自寧法花園——也表現了過去如何能比未來更為鮮明。十二個月前，巴薩尼收到了一份原寄給羅馬一位朋友的手稿副本。那朋友把包裹留在門房的架上，然後才轉給巴薩尼。打從第一頁，他現在告訴莉西，他就認出這是出於一位偉大作家之手。可惜，莉西告訴他，作者不久前過世了。《豹子》在1958年11月出版，到次年3月——才五個月——已經重印了五十二次。法國知識分子路易·亞拉岡（Louis Aragon）在書評裡寫：「這是本世紀的一部鉅著，也是歷史上的偉大長篇。」

有個夏天，我追隨蘭帕度薩的腳步。旅途盡頭，我悟到儘管蘭帕度薩意欲以他的小說來紀念一個消逝的世界，無心間卻在那廢墟裡創造了一個鮮明的新世界。在一個處處是敗落文明的島上，這個教訓更加動人。

帕勒摩的蘭帕度薩宮仍是斷壁殘垣，在市中心的瓦礫間，許多殘存的宮殿看來像黑暗時期的羅馬廢墟：庭院裡，大理石圓柱間拉起了晒衣繩，一戶戶人家擠在以波狀鐵皮分隔的地窖和舞廳裡。蘭帕度薩家在鄉下也有四棟宮殿，如今每一棟都荒涼、倒塌或毀壞了。1955年，蘭帕度薩南下旅行尋找「鮮活的記憶」，到了斯塔·瑪格麗特·拉·貝里斯（Sta Margherita la Belice）和帕爾瑪·蒙特奇阿羅（Palma di Montechiaro）的宮殿，在小說裡這些宮殿化身為「唐納弗格塔」（Donnafugata），唐奎迪（Tancredi）在那裡遇見了美麗的安吉莉卡（Angelica）——在維斯康提（Visconti）1966年改編的電影中，他們分別由亞蘭德倫（Alain Delon）和克勞蒂亞·卡迪娜莉（Claudia Cardinale）飾演。我循他的路線經過西西里中部那「美麗又十分悽涼的景致」，越來越有

超越時間之感——進步暫停，死者多於生者——這對一個英國人來說，真是既驚心又寬心。在阿格里真托，那巨大的多利克式神廟廢墟警告年輕的約翰·宋恩：試圖重建古老不過是枉然。從那些圓柱間，如今可見義大利最窮困的城市裡的高樓，和一條以混凝土礅支起的馬路。兩者間的山谷裡滿是杏樹。西元前五世紀，當希臘人建立這些神廟，海中女妖也已年華老去時，這城裡有二十萬人口，城牆裡有人煙的地區比荒廢的谷地還要大。

帕爾瑪·蒙特基阿羅（Palma di Montechiaro）似乎也說明了蘭帕度薩所下的結論：無論科技進步帶來了怎樣的可能，西西里已無可救藥了。這鎮由虔誠的蘭帕度薩聖公爵於1637年所建，本打算用來做「新耶路撒冷」，中央廣場上有一座大天主教堂和宮殿。今天那宏大宮殿是個荒涼、上了鐵柵的空殼，四週現代混凝土房屋圍繞，許多才建到一半；習俗是每代蓋一層，若一棟房子蓋到生銹的鐵桿骨架就停住，那表示子女已經搬走了。廣場冷清，除了一個帶狗散步的神父——直到一個高大赤膊的男人跑過廣場。「走！」神父對我低聲說：「這人危險。」等我們回到車子，那流氓迫近安娜和我，我們一謝絕由他導遊，他立刻口出方言髒話；我從沒像那一刻那樣感激引擎發動的聲音。我們逃離了新耶路撒冷，和那因無人旁觀而更形可怕的敵意。在那沉睡、無神的鎮上，沒人受到驚動。

相形之下，在斯塔·瑪格麗特就比較快活了，它座落在山坡上，微風迎人；甚至有一座拿破崙戰爭時期蓋的新古典式圓形大廳，供英國軍官欣賞風景。在傑瑟皮因債務所迫，於1921年賣掉這座宮殿之前，一直都到這裡來避暑。經過十二小時乾旱、風塵僕僕的旅程後，市長和市立樂隊演奏波

卡舞曲歡迎這家人。

1968年，斯塔・瑪格麗特毀於地震——也毀了吉貝里納——但新建街道上充滿了生氣，孩童們蹦蹦跳跳到廣場的咖啡館去買冰淇淋。「噶特帕多」（Gattopardo）這個名字是鎮上唯一獻給蘭帕度薩的東西，宮殿則已成廢墟。只有巴洛克外牆沒震倒，教堂裂成兩半，就像解剖分割那樣完美。這裡是西西里，好像地震昨天才發生：告示修復中的臨時板牆上覆滿了塵土，在這種乾熱下，霉或苔都無法生長。

我手持《我兒時的宮殿》——心裡想著王子、唐奎迪和安吉莉卡——走過巴洛克門廊進到一片荒野，裡面曾有一百個房間環繞三座庭院。只有兩三個房間殘存。那些房間「類似十八世紀的龐貝……我是個愛好孤獨的男孩，喜歡東西作伴勝過人——我會在這廣大華美的屋裡漫遊，好似在一座迷人的森林裡。」每一個新房間就好像是一片陽光照耀的空地，光線在先人肖像、絲帷與織錦上的猴子和花朵上閃動。這些房間通向一座私人陽臺，俯視教堂的祭壇——這家人在這教堂舉行彌撒，而這小男孩從花形鍍金的欄杆間偷看。驚人的是，他描述的陽臺還在，緊抓住廢墟高牆，好似小王子岌岌可危的生銹遺物。

蘭帕度薩說過，若歐洲為氫彈所毀，倫敦會在狄更斯的小說裡永存，而帕勒摩會消失不見，因為沒一個作家在紙上記下這城市。但那是在他開始寫作之前。我覺悟到——甚至微笑起來——斯塔・瑪格麗特以廢墟存在，比確實完整保留下來更加生動，因為你可以經由蘭帕度薩的文字去探尋。在那曾「充滿乾香的天堂」花園裡，棕櫚樹在地震中傾斜，四週荊棘環繞。那些層台階還在；那裡，有一叢竹子；裡面有半人半魚的海神追求的裸體女神和噴水女海神的噴泉。雕像

圖說：地震前的斯塔·瑪格麗特·貝里斯。傑瑟皮·湯瑪西·蘭帕度薩王子小時，在這宮裡度過夏天。在他的長篇《豹子》裡，這宮殿成了唐納弗格塔。

不見了，洋娃娃屋和猴子籠也不在了。但泉水仍咕咕冒進海中女妖的盆中，帶著參差花朵的香氣，充滿浮塵的光線瀉過廢墟牆壁，斯塔·瑪格麗特溫柔但充滿歡欣地活著。我已完成了這趟旅程。

安娜坐在噴泉邊吃冰淇淋。「我們到海邊去吧。」她說，並不急。「游一下泳應該會很舒服。」該是離開廢墟的時候了。

作者謝詞

我得感謝所有那些在我擅闖進他們的私人廢墟時沒放狗來咬我的人——尤其是在瑟塞克斯的溫徹西（Winchelsea）那座小修道院的無名主人。一個陰天我從萊鎮走過水沼地，無意間遇見這座沒有屋頂的教堂。它的拱門滿是金盞花，一架小孩的鞦韆在旁邊的蘋果樹下吱嘎作響。

寫作本書的靈感來自查爾斯·斯普羅森（Charles Sprawson）的《黑按摩師的樂遊處》（*The Haunts of the Black Masseur*），談在河裡和湖裡游泳的無上樂趣。查爾斯就歷史上游泳者的高明研究，提醒了現代人已經失去了的樂趣。他的書不在教人「怎樣游泳」，也不在教人怎樣經營現代休閒中心。同理，我的書也無意探討如何開放考古挖掘區給大眾的實際問題，反而是在告訴大家廢墟如何在先前的世紀裡給人帶來啟發。讀者是否同意我的見解並不重要，重要的是這本書讓他們回想起自己遊廢墟的喜悅。

我之所以寫這書，是出於查托和溫德斯（Chatto & Windus）出版社的珍妮·吳葛婁（Jenny Uglow）的提議。最有價值的是因此而發現了本來我永遠不會讀到的作者：約翰·戴爾、約翰·克萊爾、費迪南·葛果羅維也斯、吉歐吉歐·巴參尼和其他。而最大收穫是趁機讀了夏特布里昂十冊的《回憶生前》，我認為——這方面我絕非權威——這部書是有史以來最偉大的自傳。1902 年亞利山大·提瑟拉·馬托（Alexander Teixera de Mattos）的英譯本，是部學養深厚、無可取代的作品；就算少了他因包含「太多不合英國品味的高盧氣（espit gaulois）」而刪除的句子，我們還是可以讀得下去。

剛開始時，我原打算從建築歷史學者的角度來寫，可是很快就覺悟到建築師的思想落後畫家二十年——而畫家的想法又來自作家。結果我成了個英國文學的學生，興致勃勃但才剛剛入門，特別要感謝卡迪夫（Cardiff）的教授大衛‧斯克爾敦（David Skilton）和德爾姆（Durham）的安德魯‧參德斯（Andrew Sanders）兩位的指導。

　　在建築歷史學家的朋友中，特別感謝羅傑‧包德勒（Roger Bowdler）和傑若米‧姆森（Jeremy Musson）——若不是忙著做父親，他們兩人隨便哪個都可能寫出這本書來。一晚，我和羅傑在國家畫廊見面，他提議我們以「畫中廢墟」為觀賞主題；他為我解釋石頭、肌肉和苔之間的關係；後來又帶我認識了一些可怕卻神妙的奇物，像崔茲坎特在蘭貝斯墓園的墳。在《鄉村生活》做事的傑利米‧姆森隨手寫在明信片上的話給了我一連串的靈感，還給了我一冊蘿絲‧麥考雷《世界我的荒野》珍貴的首版，最重要的，是保證不管我發現什麼他都會有興趣。珍妮佛‧卡吉爾‧湯普森（Jenifer Cargill-Thompson）建議我用惠勒（Wheeler）的句子做題詞。當然，若非在那個混亂的五月週（May Week），我闖入劍橋的藝術歷史學院後，大衛‧瓦特金（David Watkin）慷慨收我做學生，我絕不可能有幸成為建築歷史學家。

　　最後，我得謝謝妻子安娜，去年夏天在坎皮斗里歐（Campidoglio）嫁給了我：婚姻註冊室在卡比特里尼丘上的米開朗基羅廣場上，面對議場。她是個羅馬人，身材纖細、對稱完美而永恆，她將我從圖書館、墓場、「死石頭」間解救出來。Sono molto fiero che mio figlio sarà mezzo-Romano.（他們為我的孩子將是半個羅馬人而傲。）

譯者的感謝和關於譯文的幾句話

翻譯是件吃力的事，涉及文法和文化間的衝撞，不獨考驗譯者的文字功力，也考驗智力和學問。因此，翻譯幾乎難以單人完成。至少，譯成這本書絕非只靠我一人的力量。

這裡，我首先必須感謝博學聰明的Ｂ，他是我西洋的那一半，不論什麼困難都無條件相助。此外要感謝好友何穎怡。還有，特別感謝遭臨時拉伕，大義搶救的王喆康。

然後，要感謝在最後關頭和我日夜推敲原文和譯文的編輯李亞南。蒙她幫忙細心追究原意打磨字句，最後譯文才總算可讀。

另外，有幾句關於譯文的話。

這本書不太好譯。最大原因，在於書的身份不明。給人的第一印象是嚴肅，很像道貌岸然的歷史研究。又有點像旅遊文學，但難得作者以親身經歷現身說法，多是蒐羅和轉述前人經驗。文筆收斂，加上大量引經據典，文氣不免乾澀。我的翻譯以簡明傳神為原則，力求文字白話輕快，因此除非不得已避免成語或長句。翻譯當中不免撞見許多問題，有的出於原文的句法生硬，或邏輯上不明的地方，我都盡力捕捉作者原意，改換成中文語法，求文氣通暢和文理明白，因此這時譯文便未必緊追原文對號入座。至於總體逐字斟酌上的機關故障，就不必細說煩勞讀者了。

In Ruins by Christopher Woodward

Copyright © by Chatto & Windus, an imprint of the Random House Group Ltd.,

Chinese Translation copyright © 2005 by Borderland Books, a division of Cite Publishing Group

All RIGHTS RESERVED

人在廢墟

作　　　者	克里斯多佛・武德爾德（Christopher Woodward）	
譯　　　者	張　讓	
顧　　　問	蘇拾平	
美術設計	王廉瑛	
責任編輯	李亞南	
行銷業務	郭其彬　夏瑩芳	
發 行 人	凃玉雲	

出　　　版　　邊城出版 城邦文化事業股份有限公司
　　　　　　　台北市信義路二段213號11樓
　　　　　　　電話：（02）2356-0933 傳眞：（02）2356-0914
發　　　行　　英屬蓋曼群島商家庭傳媒股份有限公司城邦分公司
　　　　　　　台北市中山區民生東路二段141號2樓
　　　　　　　讀者服務專線：0800-020-299　24小時傳眞服務：02-2517-0999
　　　　　　　讀者服務信箱E-mail：cs@cite.com.tw
　　　　　　　劃撥帳號：19833503
　　　　　　　戶名：英屬蓋曼群島商家庭傳媒股份有限公司城邦分公司
香港發行　　城邦（香港）出版集團
　　　　　　　香港灣仔軒尼詩道235號3樓
　　　　　　　電話：852-2508-6231 傳眞：852-2578-9337
　　　　　　　電郵：hkcite@biznetvigator.com
馬新發行　　城邦（馬新）出版集團【Cite(M)Sdn.Bhd.(458372U)】
　　　　　　　11, Jalan 30D/146, Desa Tasik, Sungai Besi,
　　　　　　　57000 Kuala Lumpur, Malaysia
　　　　　　　電話：603-90563833 傳眞：603-90562833
　　　　　　　電郵：citecite@streamyx.com

初版一刷　2006年1月10日
版權所有・翻印必究（Printed in Taiwan）
ISBN：986-81379-8-5
定價：350元

國家圖書館出版品預行編目資料

人在廢墟 克里斯多佛·武德爾德（Christopher Woodward）
　著；張讓譯. －－初版－－台北市：邊城出版：家庭傳媒城
　邦分公司發行，　2006[民95]
　　面：　公分

譯自：In Ruins
ISBN　986-81379-8-5
1. 考古學－文集　2. 旅行－文集

790.79　　　　　　　　　　　　　　　　　94022712